Endstation Hollywood

Ein Teil der Druckkosten dieses Buches wurde dankenswerterweise vom Verein zur Erinnerung an Johanna und Eduard Arnhold übernommen.

Die Deutsche Nationalbibliothek verzeichnet diese Publikation in der Deutschen Nationalbibliografie; detaillierte Daten sind im Internet über https://portal.dnb.de/ abrufbar.

Inh. Dr. Nora Pester
Capa-Haus
Jahnallee 61
04177 Leipzig
info@hentrichhentrich.de
www.hentrichhentrich.de

Lektorat: Malte Gerken
Umschlag: Gudrun Hommers
Gestaltung: Michaela Weber
Druck: Winterwork, Borsdorf

Bildnachweis: alle Abbildungen stammen aus Privatbesitz

1. Auflage 2024

Printed in Germany
ISBN 978-3-95565-678-2

Eva-Maria Herbertz

Endstation Hollywood

Das Leben des Paul „Hulle“ Huldschinsky (1889–1947)

HENTRICH & HENTRICH

INHALT

Vorwort

Paul Huldschinsky, 1889 geboren in Berlin, einziger Sohn des vermögenden Unternehmers und Kunstsammlers Oscar Huldschinsky, bekannter Innenarchitekt in den zwanziger Jahren, KZ-Haft, Emigration in die USA, Set Decorator bei MGM und Paramount, „Oscar" für die Ausstattung des Films „Gaslight", Inneneinrichtung des Thomas-Mann-Hauses in Pacific Palisades, gestorben 1947. Soweit sein bisher bekannter Steckbrief.

In „Das Haus des Zauberers: Julius R. Davidson, Paul Huldschinsky und Thomas Manns Villa in Pacific Palisades" von 2004 bedauert Heinrich Wefing, dass sich kein Foto von Paul Huldschinsky in den Archiven erhalten habe, sein Nachlass verschollen sei, seine Erben unauffindbar seien. „Was wir über ihn wissen, wissen wir fast ausschließlich von Zeitgenossen, seine Spuren haben allesamt etwas Schemenhaftes, eingefangen in fremden Spiegeln." Über seine Familie und die Wohnhäuser, in denen er seine Kindheit und Jugend verbracht hat, sowie deren Entstehung, Lage und Besitzverhältnisse waren bisher höchst unterschiedliche Angaben zu finden.

Tatsächlich hat Oscar Huldschinsky drei Wohnhäuser erbauen lassen, eine Villa am Wannsee, heute: Am Sandwerder 33/35, eine kleine Nebenvilla im selben Grundstück und ein Stadthaus in Berlin, Matthäikirchstraße 3a. Das Gebäude in der Matthäikirchstraße 3a wurde wie alle anderen dort von Bomben zerstört. Das Anwesen am Wannsee gehörte ab 1942 dem Deutschen Reich, wurde 1944 vom italienischen Botschafter bezogen, war nach Kriegsende Sitz der „Gesellschaft der Freunde der Natur- und Geisteswissenschaften" und wurde ab 1954 eine Zeit lang als Privathospital genutzt. Zurzeit ist die Hauptvilla die Residenz des Botschafters von Saudi-Arabien. Die kleine Villa befindet sich in Privatbesitz. Von 1912 bis 1918 wohnte Paul Huldschinsky in München im Herzogpark. Das Haus gehört heute zum Hanser Verlag.

Meine erste Begegnung mit Paul Huldschinsky liegt mehr als zwei Jahrzehnte zurück. Damals überließ mir die Familie des Testamentsvollstreckers und langjährigen Freundes von Rolf von Hoerschelmann (1885–1947) dessen ungesichteten Privatnachlass, in dem ich 23 Briefe von Paul Huldschinsky fand. In seiner flüssigen, schwungvollen Schrift auf zartgelb und blassblau getönten Briefbögen berichten die Briefe in der Zeit von 1925 bis 1939 über aktuelle Begebenheiten, von Personen, die Hoerschelmann offensichtlich alle sehr vertraut waren, von privaten und beruflichen Reisen, von schönen und unangenehmen, von beglückenden und deprimierenden Ereignissen und Zukunftsplänen. Vieles verstand ich nicht, weil ich den Zusammenhang nicht kannte und Hoerschelmanns Briefe fehlten.

Nach langen und wenig ergiebigen Recherchen hatte ich im Mai 2010 erneut Glück. Im Internet entdeckte ich eine Anzeige zum Tod von Charlotte Eleonore (Wiedmann) Clark am 17. April 2010. Sie war Paul Huldschinskys Patentochter Lorilott gewesen. Angefügt war eine Kondolenzadresse in Kalifornien, die ich unverzüglich anschrieb. Beinahe postwendend erhielt ich die Antwort eines Enkels von Paul Huldschinsky und kurz darauf eine Mail von seiner einzigen noch lebenden Tochter: „I am the sole survivor of the above […] my name is Juliana M. Strange born Juliana M. Huldschinsky. If you wish to contact me […]"

Seitdem fühle ich mich der inzwischen 92-jährigen Juliana und ihrer Familie freundschaftlich sehr verbunden. Bei einem ersten Treffen in Hamburg brachte Paul Huldschinskys Enkel Paul ein opulentes Fotoalbum seines Großvaters mit. Es folgten mehrere Reisen mit meinem Mann nach Santa Barbara, wo Juliana Strange nach und nach alles vor mir ausbreitete, was sie in Kommoden und Kartons an Nachlass ihres Vaters aufbewahrt hat. Es war überwältigend, was da alles nach mehr als sechzig Jahren zutage kam. Bei seiner Emigration 1938 hatte Paul Huldschinsky nicht nur Mobiliar, Antiquitäten, Kunst- und Wertgegenstände in die USA schaffen lassen. Er hatte auch alte Zeitschriften, ausgeschnittene Artikel, berufliche Skizzen, Zeichnungen, amtliche Schreiben, private Briefe, zwei wunderbare Gästebücher und jede Menge Fotos mitgenommen. In langen Gesprächen und anhand der Fotos erinnerte sich Juliana – sie war fünfzehn, als ihr Vater starb – an Einzelheiten in der Vergangenheit, und sie konnte mir vieles von dem mir Unverständlichen in den Briefen ihres Vaters erklären. Leider fand sich kein Brief von Rolf von Hoerschelmann. Entweder hatte Paul Huldschinsky sie nicht mitgenommen oder sie waren im Laufe der Zeit verloren gegangen. Dafür fanden sich bei Juliana zwölf Briefe, die Paul Huldschinsky in der Zeit von 1941 bis 1946 an Julianas Mutter geschrieben hatte. Angehörige der Familie kennen Marianne

Huldschinsky unter ihrem Kosenamen „Quinnie“. Paul Huldschinsky nennt sie in seinen Briefen an Rolf von Hoerschelmann „Nini“, deshalb habe ich ihn übernommen und im Text beibehalten, um Irritationen zu vermeiden. Einigen Familienmitgliedern war auch nur „Auli“ als Paul Huldschinskys Kosename geläufig, nicht „Hulle“ und auch nicht „Glori“ oder „Glör“, wie Nini ihn in ihren Briefen nennt.

Von Juliana und ihrer Familie erhielt ich Kontaktadressen von den in alle Welt verstreuten Angehörigen, von denen mir einige im Laufe der Zeit eigene Lebenserinnerungen bzw. die von verstorbenen Familienmitgliedern zukommen ließen: die Erinnerungen von Jannie Buri, von Sixtus Fuehr, von Heinrich Friedheim und von Peter Paul Reichenheim/Rickham.

Bei der Sichtung des Nachlasses machte ich mit Juliana eine wunderbare Entdeckung. Wir fanden Thomas Manns handgeschriebenen und sehr berührenden „Kondolenzbrief an Frau Huldschinsky“, den er in seinem Tagebuch am 3. Februar 1947 erwähnt hat und der als verschollen gegolten hatte. Inzwischen gehört der Brief dem Thomas-Mann-Archiv in Zürich.

Wer war dieser „bekannte Unbekannte“? Ein Geld verschwendender, oft verschuldeter Sohn aus reichem Hause, ein Schürzenjäger und Womanizer, wie gemutmaßt wurde? Oder, wie Thomas Mann schrieb, einer „der feinsten, liebenswürdigsten, nobelsten Menschen, die ich gekannt habe, bewundernswert gelassen im Leiden, tapfer in Zeiten der Dürftigkeit, die doch krass genug mit seiner glänzenden Jugend kontrastierten, denen er aber immer duldsam und heiter das Gute und Geniessenswerte abzugewinnen wusste“?

Dank

Ich danke meinem Mann, der mir in seinen letzten Lebensjahren unermüdlich bei meinen Recherchen geholfen, in Archiven zusammen mit mir Material gesichtet und unsere Reisen nach Kalifornien ermöglicht hat. Unserer Tochter Julia sage ich Dank für ihren Beistand und ihre Ermutigung in den vergangenen Jahren.

Ich danke Juliana, Marianne und Paul Strange. Ohne die vielen Gespräche mit Juliana und ihren Kindern und den privaten Nachlass ihres Vaters und Großvaters, den sie seit 1947 aufgehoben und mir uneingeschränkt zur Verfügung gestellt haben, hätte dieses Buch nie entstehen können.

Ich danke Benjamin Kuntz für seine Hilfe und Unterstützung in vielerlei Hinsicht und auch Kora Dalager und Esther Owesle. Ich danke Malte Gerken für seine Geduld und sein sorgfältiges Lektorat.

Dank an Heinrich Friedheim, Michael Fuehr, Norbert Hanenberg, Hendriekje van Keulen, Urs Kienberger, Judy von Klemperer, Julian von Klemperer, Kai-Uwe Michels, Martina von Mitzlaff-Laeisz, Francis Nenik, Hedi Carol Schmidt, Veronika Sommer, Peter Strandes, Ehrengard von Trotha, Philipp von Trotha und Jerome Wiedmann.

Dank auch dem Thomas-Mann-Archiv Zürich und dem S. Fischer Verlag für den Abdruck des Kondolenzbriefs von Thomas Mann, der Gedenkstätte und Museum Sachsenhausen, der Staatsbibliothek zu Berlin, dem Brandenburgischen Landeshauptarchiv Potsdam, dem Landesarchiv Berlin, dem Landesamt für Bürger- und Ordnungsangelegenheiten/Abt. Entschädigungsbehörde Berlin, dem Archiv der Stiftung Neue Synagoge Berlin, dem Jüdischen Friedhof Weißensee Berlin, dem Sächsischen Staatsarchiv Leipzig, der Sächsischen Landesbibliothek – Staats- und Universitätsbibliothek Dresden, der Alten Synagoge Essen, der Schulleitung von Palac w Smolnicy, Mateusz Atroszko und Ryszard Patkowski, sowie dem Zentralarchiv Staatliche Museen zu Berlin.

Für meinen Mann und für meine Tochter Julia

Endstation Hollywood

An einem sonnigen Nachmittag im Juni 1890 hält eine Equipage in Berlin vor dem Haus Rauchstraße 14. Der Kutscher öffnet den Wagenschlag und ist Ida Huldschinsky beim Einsteigen behilflich. Sie trägt ein elegantes Kostüm aus silbergrauem Seidentaft und einen Hut mit violetten Seidenblumen. Eine Kinderfrau mit dem kleinen Paul auf dem Arm begleitet sie. Sie lassen sich in die Leipziger Straße 128 fahren, wo kürzlich Professor Leonard Berlin sein Atelier „E. Bieber", benannt nach seiner verstorbenen Tante Emilie und deren Atelier in Hamburg, eröffnet hat. Paul ist etwa zehn Monate alt und soll zum ersten Mal fotografiert werden. Für die langwierige Prozedur wird der Kleine mit Hilfe von untergelegten Polstern auf einem mit Brokatstoff verhüllten Sessel in eine stabile Sitzposition gebracht. Die Flügelärmel des weißen Hemdchens entblößen seine kleinen molligen Schultern. Um den Hals trägt er eine Korallenkette – gegen den bösen Blick, wie man damals sagte. Gebannt blickt der pausbäckige Knirps in die Richtung des Fotografen.

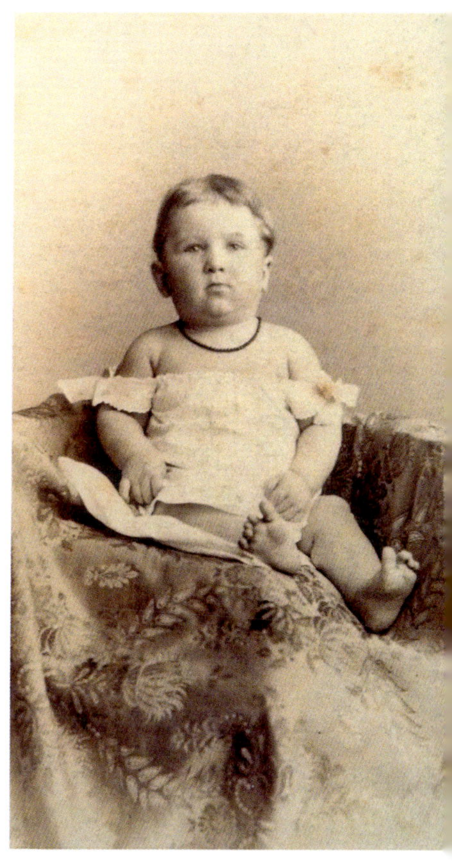

Paul Huldschinsky, 1890

Ida Huldschinsky war bei ihrer Hochzeit 1882 überzeugt gewesen, sehr bald Mutter zu werden. Doch hatte es bis zu Susannes Geburt am 11. November 1887 fünf Jahre gedauert. Zwei Jahre später, am 18. August 1889, wurde Paul geboren.

⁂

Ida Brandeis-Weikersheim, o. J.

Ida wuchs in Wien auf und war die jüngste Tochter von Auguste und Salomon Brandeis-Weikersheim, königlicher englischer Konsul, Gesellschafter der Großhandelsfirma M. H. Weikersheim & Cie. und Aufsichtsrat der Ungarischen Westbank. Ida hatte fünf Geschwister, einen Bruder und vier Schwestern. Ihre Schwester Friederike war im Alter von 22 Jahren an den Folgen eines Schlaganfalls verstorben und hatte zwei kleine Söhne zurückgelassen. Ida hätte ihren beiden Neffen gern die Mutter ersetzt und hatte gehofft, ihren verwitweten Schwager Gustav Pick heiraten zu dürfen. Der Dichter, Musiker und Komponist gehörte mütterlicherseits zur der weit verzweigten und sehr angesehenen Familie Schey. Gustav Pick galt als ein Original. In seinem Haus wurde viel gefeiert, Künstlerfreunde gingen ein und aus, nur erfolgreich war er nicht. Erst spät sollte er eine gewisse Berühmtheit erlangen mit seinem Fiakerlied, das er für eine Wohltätigkeitsveranstaltung der Fürstin Pauline von Metternich zum 100-jährigen Bestehen der Zunft der Fiaker-Kutscher komponierte.

Idas Geschwister Hermann, Aurelie, Julie und Dora waren alle standesgemäß verheiratet; ihre Schwester Julie mit Stefan Freiherr Schey von Koromla. Die verwitwete Auguste Brandeis-Weikersheim musste nur noch ihre jüngste Tochter unter die Haube bringen, und dafür war es allerhöchste Zeit, denn Ida hatte am 18. Januar 1882 ihren 22. Geburtstag gefeiert.

Ernsthaft auf Brautschau soll der 36-jährige Oscar Huldschinsky seinerzeit nicht gewesen sein, als er sich des Öfteren in Wien aufhielt und man auf den vielversprechenden Unternehmer aufmerksam wurde. Die Familie Brandeis-Weikersheim spielte im gesellschaftlichen Leben Wiens zwischen 1840 und 1900 eine bedeutende Rolle. Nach einer ersten Einladung und einem zweiten und dritten Besuch hat Oscar Huldschinsky nicht länger gezögert und um Idas Hand angehalten. Ida fügte sich. Gustav Pick durfte sie nicht heiraten, und Oscar war ein stattlicher, gutaussehender und sehr wohlhabender Mann. Die Liebe komme in der Ehe mit den Kindern, erklärte Auguste Brandeis-Weikersheim ihrer Tochter.

Am 14. Mai 1882 wurden Oscar und Ida vor der Israelitischen Kultusgemeinde Wien vermählt. Der Abschied von ihrer Familie, ihren Freundinnen, von Wien mit seinen Opernhäusern, Museen, Modeateliers, Opern- und Maskenbällen ist Ida schrecklich schwergefallen. Für die nächsten Jahre sollte Gleiwitz in Schlesien ihr Lebensmittelpunkt sein.

※

Oscar Huldschinsky fuhr mit seiner frisch angetrauten jungen Frau auf direktem Weg nach Gleiwitz in die Teuchertstraße, wo er schon des längeren eine repräsentative Villa mit großzügigen Gartenanlagen und einem Treib- und Gewächshaus bewohnte. Für ihn war sogar die allererste Fernsprechverbindung der Stadt verlegt worden, allerdings nur zwischen dem Wohnhaus und seiner Fabrik. Er war neben Rudolf Hegenscheidt, dem Leiter der 1852 von dessen Vater gegründeten Draht-, Nagel- und Kettenfabrik, der wichtigste Arbeitgeber in Gleiwitz.

Oscars Großvater, Baruch Huldschinsky (1776–1854), war dort geboren worden und hatte in Gleiwitz eine Getreidehandlung und eine Mühlenwirtschaft betrieben. Oscars Vater Salomon (1819–1877), verheiratet mit Mathilde Hein (1823–1894), hatte 1851 im Alter von 32 Jahren den Sprung nach Berlin gewagt, wo sein Schwager Ferdinand Hein mit Albert Hahn einen Altmetall-, Altpapier- und Lumpenhandel gegründet hatte. Salomon brachte ein Kapital von 10 000 Talern (heute ca. 50 000 Euro) mit und kaufte davon die Anteile seines Schwagers ab, da dieser sich mit Hahn nicht gut verstand. Die neu gegründete Firma hieß Hahn & Huldschinsky, betrieb den Lumpen- und Altwarenhandel weiter und begann nach englischem Vorbild Kunstwolle zu produzieren. 1862 kauften Albert

Salomon Huldschinsky, o. J.

Hahn und Salomon Huldschinsky für 35 000 Taler ein ca. 4000 Quadratmeter großes Grundstück in der Schillingstraße 12–14 – mit einem Haus für beide Familien – und erweiterten ihre Kunstwolle-Produktion um eine Färberei, eine Spinnerei und eine Weberei. 1862 beschäftigten sie bereits mehr als 500 Arbeiter und Arbeiterinnen und stellten jährlich 1,5 Millionen Kilogramm Kunstwolle her, wovon die Hälfte nach England exportiert wurde.

Damit waren sie die erste Mungo- und Shoddy-Fabrik in Deutschland. Gleichzeitig hatten sie den Vertrieb von Stahlröhren der englischen Firma Lloyds & Lloyds für Deutschland übernommen und trafen eine Vereinbarung über die Produktion solcher Röhren in Deutschland. Sie entschieden sich für den Standort Gleiwitz in Schlesien, wo sie im November 1868 40 000 Quadratmeter Grund mit Eisenbahnanschluss erwarben und für 55 000 Taler in nur neun Monaten das erste schlesische Röhrenwerk errichteten. Jährlich wurden dort 1800 Tonnen Röhren produziert.

1873 kam es zum Bruch zwischen den beiden Kompagnons, da Hahn angefangen hatte, an der Börse zu spekulieren, was Salomon und Oscar, der bereits in der Firma mitarbeitete, zu riskant war. Hahn übernahm den Textilbetrieb, Salomon das Röhrenwerk, das nun den Namen S. Huldschinsky & Söhne erhielt. Der Name stand für Salomon, seinen Sohn Oscar und seinen Schwiegersohn Edwin. Edwin Elias war der Sohn von Salomons Bruder, Emanuel Mendel, und verheiratet mit Salomons Tochter Clara, Edwins Cousine. Eine solche Verbindung war in der damaligen Zeit nicht ungewöhnlich.

S. Huldschinsky & Söhne-Werke in Gleiwitz, o. J.

Die drei Firmeninhaber kauften ein großes Haus in der Köpenicker Straße 70a in Berlin und bauten in den Gartenanlagen Geschäfts-, Ausstellungs- und Lagerräume. Schon sehr bald zog sich Salomon Huldschinsky aus gesundheitlichen Gründen aus dem Geschäftsleben zurück. Er starb am 1. Oktober 1877 an Nierenversagen, anderthalb Monate vor seinem 58. Geburtstag.

※

1851, beim Umzug von Salomon Huldschinskys Familie nach Berlin, war Oscar, geboren am 16. November 1846 im Haus seiner Großeltern Hein in Breslau, fünf Jahre alt gewesen, sein Bruder Ernst Ludwig sechs und seine Schwester Clara drei. Die ersten Jahre haben die Kinder mit den Eltern in einem Zimmer gelebt. 1854 konnte die stetig wachsende Familie – zuletzt waren es acht Kinder – eine größere Wohnung in der Alexanderstraße 22 beziehen. Oscar soll als Heranwachsender widerspenstig und aufmüpfig gewesen und deshalb von der Schule verwiesen worden sein. Salomon Huldschinsky habe ihn zu sich in die Firma genommen, wo Oscar zu seiner großen Enttäuschung in den ersten Monaten als Laufbursche Dienst tun musste. Erst, nachdem er sich ausreichend bewährt hatte, durfte er Bürotätigkeiten übernehmen. Als Oscar Anfang zwanzig war, beauftragte ihn Salomon, für die Firma Außenstände bei säumigen Kunden einzutreiben, wofür er auch in die skandinavischen Länder reisen musste. Sowohl Reisen mit der Kutsche, wegen dem Zustand der damaligen Landwege und dem dafür notwendigen häufigen Pferdewechsel, als auch Überfahrten auf dem Seeweg waren mehr als beschwerliche und mitunter abenteuerliche Unternehmungen. Diese strengen Lehrjahre bei seinem Vater scheinen Oscar Huldschinsky nachhaltig geprägt zu haben. Als „einen Mann von rücksichtsloser Schärfe und Härte, dabei aber klug und gerecht" beschreibt ihn in seinen Lebenserinnerungen Berthold Nothmann, der mit 21 Jahren als Korrespondent bei Oscar Huldschinsky in Gleiwitz angefangen hatte.

Es heißt, dass der 31-jährige Oscar nach dem Tod seines Vaters 1877 den Schwur getan habe, seine nächsten zehn Lebensjahre dem Ausbau des väterlichen Unternehmens zu widmen. Die wirtschaftliche Entwicklung für 1878 sah vielversprechend aus, sodass Oscar sich für eine Erweiterung des Werks in Gleiwitz entschied, was allerdings seine und Edwins Präsenz vor Ort erforderte. Die Funktion des Betriebsdirektors wurde Bendix Meyer übertragen, der sich mit Patenten einen internationalen Ruf erworben hatte.

Wegen der hohen russischen Einfuhrzölle kauften Oscar und Edwin Huldschinsky 1880/81 eine Werkanlage in Sosnowice im damaligen Russland, nur wenige Kilometer von Gleiwitz entfernt, wo zunächst auch Mitarbeiter aus Gleiwitz für den Ausbau eingesetzt werden konnten. Mit der Errichtung von Hochöfen, Stahl- und Zinnwerken, dem späteren Erwerb von Erz- und Kohlegruben in Bedzin und Tschenstochau machten sie das Werk weitgehend unabhängig. 1886 gründeten sie im schlesisch-österreichischen Schönbrunn ein weiteres Stahlwerk, installierten 1889/90 in Gleiwitz den ersten Siemens-Martins-Ofen, eine dampf-hydraulische Presse und eine Räderfabrik. Seine Weitsicht stellte Oscar Huldschinsky darüber hinaus unter Beweis, als der russische Zar 1893 verfügte, dass alle ausländischen Besitzungen innerhalb von drei Jahren an Russland fallen sollten. Über persönliche Beziehungen zum russischen Finanzminister habe Oscar Huldschinsky damals die Zusage des Zaren erreicht, dass Sosnovice erst nach seinem Tod zurück an Russland fallen würde. Dafür wandelte er das Werk in eine russische Aktiengesellschaft, deren Vorsitzender er wurde.

1886 verließ Edwin Huldschinsky mit Clara und ihren sechs Kindern Gleiwitz und zog nach Berlin, blieb aber für die Firma bis 1893 in seiner beratenden Funktion als Ingenieur tätig. Sie hatten das Unternehmen zu einem Imperium ausgebaut, in dem zeitweise bis zu 1700 Arbeiter und

Angestellte beschäftigt waren. 1888 hatte Oscar sein Versprechen erfüllt, verließ Gleiwitz ebenfalls und bezog mit Ida und der einjährigen Susanne eine Wohnung in der Rauchstraße 14 in Berlin. Ein Jahr später wurde dort ihr Sohn Paul geboren. Jeden Monat fuhr Oscar Huldschinsky für mindestens eine Woche zur Inspektion nach Gleiwitz und von dort nach Sosnowice und Schönbrunn.

※

Paul Huldschinskys Fotoalbum zufolge ließ Ida Huldschinsky ihren Sohn regelmäßig im Atelier von Professor Leonard Berlin fotografieren. Im Alter von zwei Jahren trägt Paul ein langärmeliges Kleidchen mit Spitzenkragen und einen breiten Ledergürtel. Er hält sich an einer Stuhllehne fest, mit der anderen Hand umklammert er eine Gerte. Irgendetwas oder irgendwer seitlich von ihm scheint seine volle Aufmerksamkeit zu haben. Mit vier Jahren posiert er vor einer Waldkulisse in einer Strickjacke und einem knielangen Faltenrock mit einem Holzreifen, im Jahr darauf in kniekurzen Hosen mit langen, schwarzen Strümpfen, später dann in langen Hosen und, wie es damals Mode war, im Marinelook.

V. l. n. r. Paul Huldschinsky, 1891, 1893 und 1894

Drei Fotos zeigen Paul auffallend aufwendig kostümiert, 1897 als kleinen Edelmann in einem Seidentaftkostüm mit prächtigem Spitzenkragen und Spitzenstulpen, im darauffolgenden Jahr in knielangen Lederhosen mit besticktem Gürtel und gestrickten Wadelwärmern samt keck aufgesetztem Hut mit imposantem Federschmuck, 1899 in einer Art Uniform mit Taillenschärpe und Spitzenjabot.

V. l. n. r. Paul Huldschinsky, 1897, 1898 und 1899

Ida Huldschinsky habe sehr gern gefeiert, heißt es in der Familie. Vielleicht ließ sie die Kostüme für Feste fertigen, die unter einem Motto im Hause Huldschinsky stattfanden. Vielleicht war es aber auch ein Spiel und ein Spaß an der Verwandlung von Mutter und Sohn. Sie könnten dazu gemeinsam das Kaufhaus Tietz aufgesucht haben oder das Kaufhaus Wertheim, die beiden miteinander konkurrierenden Einkaufstempel. Das Kaufhaus Wertheim galt als eine Berliner Sehenswürdigkeit, und die Erwähnung durfte in keinem Reiseführer fehlen. Allein das Betreten des zwanzig Meter hohen Lichthofs mit seinem tonnenartig gewölbten Glasdach, den Säulen, Kristalllüstern, vergoldeten Kandelabern und einer einzig der Repräsentation dienenden Haupttreppe soll ein atemberaubendes Erlebnis gewesen sein. Wo sonst konnte man in einem lautlos auf- und niedergleitenden Aufzug, einem mit Gitterwerk verzierten offenen Käfig, zu den einzelnen Verkaufsetagen hinauf- und hinunterschweben?

Wir stellen uns vor, dass Ida und Paul sich dort die herrlichsten Woll-, Samt-, Seiden-, Satin-, Brokatstoffe zeigen ließen, dazu handgeklöppelte Spitzen, Bordüren, Metallschließen, Bänder, Knöpfe und vieles mehr. Sie trafen ihre Wahl; die Sachen wurden geliefert, ein Schneider ins Haus bestellt, der mit ihnen das Kostüm besprach und bei Paul Maß nahm. Tage später folgte eine erste Anprobe, vielleicht noch eine zweite und zum krönenden Abschluss der Besuch im Fotoatelier. Paul scheint das Posieren offensichtlich gefallen zu haben. Ob Ida auch ihre Töchter regelmäßig fotografieren ließ, wissen wir nicht. Ida sei vernarrt gewesen in ihren Sohn, soll Oscar Huldschinsky des Öfteren missbilligend geäußert haben. Sie habe den Jungen maßlos verwöhnt, ja, geradezu verzärtelt mit ihrer übertriebenen Liebe.

Paul Huldschinsky, 1903

Ab 1904 werden die Atelierfotos im Album von Schnappschüssen und Fotos abgelöst, die meist Pauls Schwester Susanne gemacht hat. Anlässlich des 60. Geburtstags von Oscar Huldschinsky posiert der Siebzehnjährige in koketter Tanzhaltung mit Sophie „Fifi" Reichenheim, Susannes bester Freundin. 1907 lässt sich Paul am Wannsee fotografieren, mit Marie-Anne, der Tochter des oberschlesischen Kohlemagnaten Fritz von Friedländer-Furt. Sie selbst nannte sich „Baby". Dandyhaft in tailliertem Jackett, weißen Hosen und Lederstiefeletten, dazu schwarz-weiß gestreiften Strümpfen, schaut Paul halb liegend, halb sitzend zu Füßen von Baby geradezu anbetend zu ihr auf, während die junge Dame mit unbewegter Miene über ihn hinweg in die Kamera blickt. Beide kraulen den Kopf eines mächtigen, schwarz-weiß gefleckten Bernhardiners aus der Zucht von Oscar Huldschinsky.

⁂

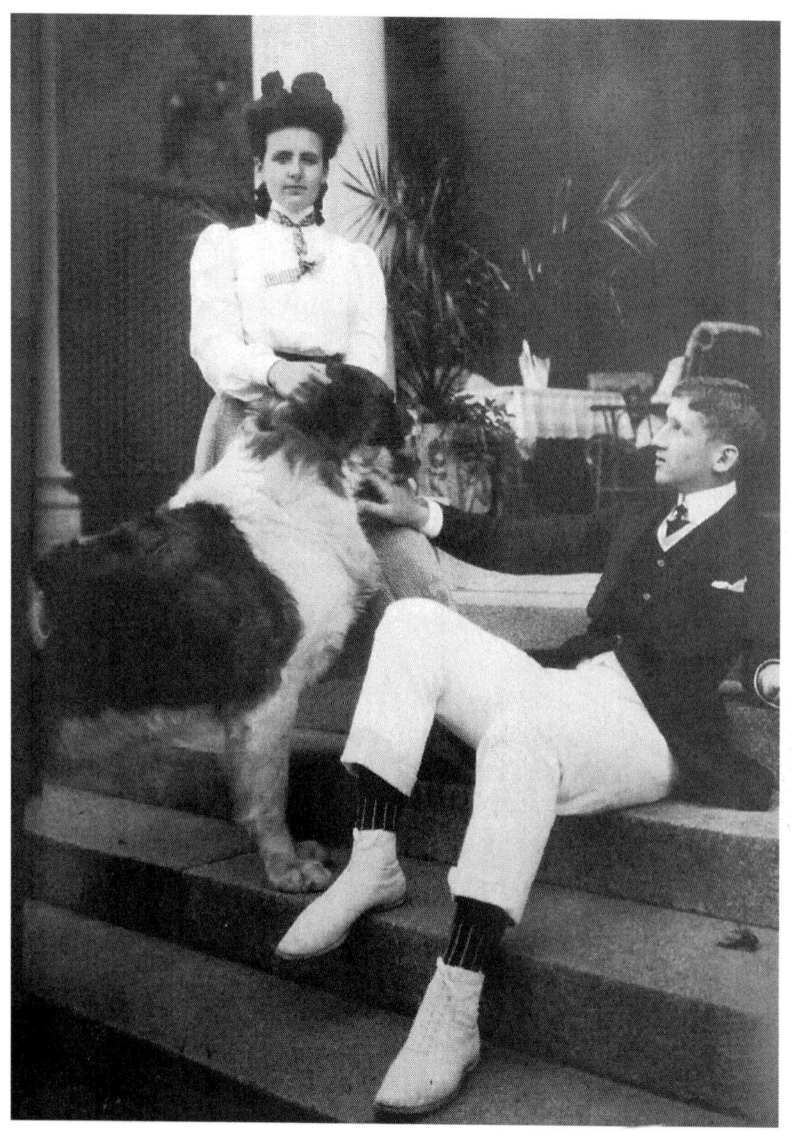

Paul Huldschinsky mit Marie-Anne von Friedländer-Furt, „Baby", am Wannsee, Sommer 1907

Die Säulen und die Treppe auf dem Foto gehörten zu einer der schönsten Villen am Wannsee, der Villa von Oscar Huldschinsky, damals Friedrich-Karl-Straße 19 (heute: Am Sandwerder 33/35). Als einer der reichsten Unternehmer zählte er zum preußischen Geldadel, „einer dünnen Oberschicht, die sich in der zweiten Hälfte des 19. Jahrhunderts innerhalb des Berliner Bürgertums gebildet hatte". Nach britischem Vorbild gründeten sie als Ausdruck ihres Selbstbewusstseins gegenüber dem privilegierten historischen Geburtsadel Clubs, in denen sie eigene Formen des gesellschaftlichen Umgangs und Lebensstils schufen und pflegten. Die Gründungsväter des „Club von Berlin" vom 8. Oktober 1864, im Volksmund „Millionenclub" genannt, waren hohe Staatsbeamte, beispielsweise Albrecht Graf von Bernstorff, Gesandtschaftsrat in der Deutschen Botschaft in London, Gustav Stresemann, Reichsminister des Auswärtigen, außerdem Bankdirektoren wie Hjalmar Schacht, Paul von Mendelssohn-Bartholdy und Industrielle wie Carl Bosch und Carl Friedrich von Siemens. 1892 ließ der „Club von Berlin" für 452 000 Mark ein eigenes Haus in der Jägerstraße 2–3 erbauen. Man fand dort zusammen zu gepflegter und geistvoller Konversation bei opulenten Abendessen und zum Bakkarat, Billard und Kegeln. Frauen hatten selbstverständlich keinen Zutritt. „Die Mitglieder verstanden sich als kaisertreue, überwiegend nationalliberale Männer, die gegen übersteigerten Nationalismus und Größenwahn sowie gegen Antisemitismus eingestellt waren. Etliche der zunächst 180 Clubmitglieder waren zumeist getaufte Juden."

Jene Clubmitglieder und Vertreter der Berliner Oberschicht waren es, die sich die ersten Sommerresidenzen am Wannsee in der sogenannten Villen-Colonie Alsen errichten ließen, nachdem sich 1870 der Bankier und Direktor der Berliner Handelsgesellschaft, Wilhelm Conrad, in der Königstraße 3 an Stelle der Gaststätte Stimming'scher Krug die im klassizistischen Stil gehaltene Villa Alsen als Sommersitz hatte erbauen lassen. Den Namen seiner Villa hatte Conrad gewählt in Erinnerung an die Kapitulation der dänischen Insel Alsen 1864 und den Sieg Preußens über Dänemark sowie an seinen Schwager, General Louis Max Napoleon von Colomier (1809–1886), der an der Erstürmung der Insel teilgenommen hatte. Durch Zukäufe konnte Conrad seinen Grundbesitz auf etwa 350 Morgen Land erweitern. In „dieser Parklandschaft, umgeben vom Wasser der

Havelsee, wollte er seinen Traum eines bürgerlichen Arkadiens für gleichgesinnte Berliner realisieren. Er beauftragte den Lenné-Schüler und Berliner Gartenbaudirektor Gustav Meyer (1816–1877) mit der Ausarbeitung eines Parzellierung- und Straßenplans. Dieser legte das Zentrum der Kolonie in Form eines Hippodroms an, durch das die Königstraße als Längsachse geführt wurde." Nur zwei Jahre nachdem Conrad seine Villa Alsen bezogen hatte, wohnten bereits 64 Siedler in zwölf neu errichteten Villen in der Kolonie.

„Als ab 1874 der Hohenzollernprinz Friedrich Karl Parzellen seines Grundbesitzes am Wannsee verkaufte, entstand gegenüber der Colonie Alsen am Ostufer die Villenkolonie Wannsee mit noch großzügiger angelegten Grundstücken und Villen. Die Gebäude wurden entlang der Hangkante errichtet, so dass man vom Haus aus den Blick in die Weite der Havellandschaft bis nach Kladow schweifen lassen konnte. Umgekehrt boten vom Wasser oder der Uferlinie aus die hoch über den Wannsee aufragenden Villen einen imposanten Anblick. In der stark bewegten Landschaft befanden sich großzügig geschnittene Vorgärten und weite seeseitige Gärten, in die der vorhandene Waldbestand einbezogen wurde." Oscar Huldschinsky, Mitglied Nr. 31 im „Club von Berlin", erwarb 1887/88, zeitgleich mit dem Umzug von Gleiwitz nach Berlin, ein weitläufiges Grundstück am Großen Wannsee in der Friedrich-Karl-Straße 19.

Drei Jahre später, am 25. Juli 1891, unternahm die Vereinigung Berliner Architekten mit „einer Betheiligung von etwa 30 Personen einen Ausflug zur Besichtigung einiger neuerer Villenbauten in den westlichen Vororten Wannsee und Neubabelsberg" und berichtete anschließend darüber in der *Deutschen Bauzeitung*:

„Das erste Ziel des Ausflugs, die von den Architekten Kayser & v. Großheim erbaute Villa Huldschinsky, liegt auf dem hohen östlichen Uferrande des gr. Wannsees; der zu ihr gehörige 7 Morgen große Park ist zum namhaften Theile dem aufgehöhten Vorlande des Sees abgewonnen worden. Die Aussicht – einerseits über die ganze Breite des Sees auf den am Südufer liegenden älteren Theil der Villenkolonie und die waldigen Höhen des Glienicker Werders, andererseits auf den Grunewald und den Zehlendorfer Forst – ist wohl die großartigste und schönste, welche am Wannsee überhaupt vorhanden ist. Das Gebäude selbst, ein Putzbau in

Villa Huldschinsky am Wannsee

Renaissanceformen, trägt trotz seiner einfachen architektonischen Haltung zufolge seiner mächtigen Verhältnisse ein ungemein vornehmes, fast schlossartiges Gepräge und erinnert an italienische Villen der Hochrenaissance. Als ein Quadrat von etwa 22 m gestaltet, enthält es als Mittelraum eine große Treppenhalle, deren Oberlicht-Laterne das nach allen Seiten abgewalmte Ziegeldach überragt. Der Hauseingang liegt auf der Südseite. Nach Norden schließt sich an den Mittelraum eine tiefe offene Halle, der im Park ein durch eine offene Säulen-Architektur begrenzter Vorplatz sich vorlegt. Nach Westen ist der große Speisesaal angeordnet; eine mächtige Nische, durch die er sich nach außen hin erweitert, trägt einen bis zum Obergeschoss gehörigen Altan. Westlich nach der Straße hin liegen die übrigen Wohn-, im Obergeschoss die Schlaf- und Kinderzimmer, im Untergeschoss die Wirthschaftsräume. – Der Ausbau des Inneren ist, dem Charakter der ganzen Anlage entsprechend, von vornehmer Einfachheit."

Die Architektengruppe konnte im Juli 1891 die zwar fertiggestellte, aber noch nicht eingerichtete Villa besichtigen, weil die Familie Huldschinsky den damaligen Sommer noch nicht dort verbracht hat. Ida war zum dritten Mal schwanger; am 16. September wurde Susannes und Pauls Schwester Marie, genannt Minze, geboren.

Im Jahr darauf, am 25. März 1892, ließ Oscar Huldschinsky den Direktor der Gemäldegalerie, Wilhelm von Bode, wissen, dass er nunmehr gedächte, in vier Wochen mit der Familie nach Wannsee überzusiedeln. Der Kunsthistoriker und Museumsfachmann beriet damals Oscar Huldschinsky in Fragen der Einrichtung. Wie es zu ihrem Kontakt gekommen war, hat Wilhelm von Bode in *Der Kunstwanderer* von 1922 beschrieben. Bei seiner Übersiedelung von Oberschlesien nach Berlin habe Huldschinsky eine Vielzahl älterer Bilder mitgebracht, die er anstelle einer Zahlung übernommen hatte. Bode riet ihm, diese minderwertigen Bilder keinesfalls in seinen Privaträumen aufzuhängen. Daraufhin habe Herr Huldschinsky ihn gebeten, eine kleine Sammlung holländischer Bilder für ihn zu erwerben, aber keines dürfte teurer als höchstens 1000 Mark sein. Nach ein paar Jahren seien diese Bilder im Auktionshaus Lepke versteigert worden. Huldschinsky hatte sich entschlossen, nur noch wirkliche Meisterwerke zu kaufen.

Wenn es seine Zeit in den folgenden Jahren erlaubte, scheint der vielbeschäftigte Wilhelm von Bode einige Male die Familie am Wannsee besucht zu haben. In einem undatierten Briefchen erinnert Ida Huldschinsky Wilhelm von Bode an das ihrem Mann gegebene Versprechen, mal wieder mit ihnen dort zu speisen, und in einem zweiten an sein Versprechen, zum Skat zu kommen: „Sind Sie Sonnabend frei um halb sieben mit uns zu speisen und dann dem Spiel zu huldigen?" Vorsorglich hatte sie die Abfahrtzeiten vom Bahnhof Wannsee dazugeschrieben.

Im August 1893, während Ida und Oscar Huldschinsky zum zweiten Mal mit ihren drei Kindern die Sommermonate am Wannsee verbrachten, besichtigte erneut eine Architektengruppe ein von Oscar Huldschinsky erbautes Haus, dieses Mal in der Matthäikirchstraße 3a, und wieder wurde in der *Deutschen Bauzeitung* ausführlich darüber berichtet: „Eine am 2. August unter Theilnahme von einigen 30 Mitgliedern unternommene Besichtigung galt einigen neuen Wohnhäusern im nördlichen, dem Thiergarten zunächst gelegenen Theile der Matthäi-Kirchstrasse. Hier sind in den letzten Jahren 2 Grundstücke, die auf einer verhältnismässig langen, aber nur mässig tiefen, zum grösseren Theile als Garten benutzten Fläche je 1 älteres Wohnhaus aus der Zeit der Anlage der Strasse enthielten, in andere Hände übergegangen und nun mehr mit je 3 Wohnhäusern in

Stadthaus Huldschinsky, Matthäikirchstr. 3a

geschlossener Reihe bebaut werden, von denen 4 bereits vollendet sind, 2 noch in Herstellung sich befinden.

Besichtigt wurden die 3 Häuser der Hrn. Markwald, Jacobi und Huldschinsky, das erste und das letzte durch die Hrn. Kayser & Groszheim, das zweite durch die Hrn. Cremer & Wolffenstein errichtet, unter der persönlichen Führung der Hrn. Prof. Cremer und Brth. v. Groszheim. Alle 3 sind zweigeschossige Sandsteinbauten, äusserlich in jener, von der Empfindungsweise des Rococo [sic] beeinflussten, schlichten aber vornehmen Auffassung des Barockstils gestaltet, die in Frankreich mit dem Namen Louis XV. verknüpft ist. Gemeinsam ist ihnen auch das Hauptmotiv der durch ein Mittelrisalith getheilten Fassaden-Anordnung, während in der Grundriss-Anordnung und in der Ausgestaltung des Inneren bedeutsame Unterschiede sich geltend machen."

Es folgen Beschreibungen des Markwald'schen Hauses (Nr. 33) und des Jacobi'schen Hauses (Nr. 32):

„Das gegenüberliegende Huldschinsky'sche Haus unterscheidet sich von den beiden vorher besprochenen dadurch, dass es nur für eine Familie bestimmt ist, so dass im erhöhten Erdgeschoss die Wohn- und Gesellschaftsräume, im Obergeschoss die Schlafzimmer usw. vereinigt werden konnten. Die Anordnung des Grundrisses, bei welcher der Eingang von einer seitlich gelegenen Durchfahrt aus geschieht, nähert sich in etwas der üblichen Berliner Bebauung mit Vorderhaus und Seitenflügel; das Treppenhaus und der als Oberlichtsaal gestaltete Hauptraum des Hauses gehen durch beide Geschosse. Für die Dekoration der Räume haben mehrfach wertvolle alte Ausstattungs-Stücke des 18. Jahrhunderts Verwendung gefunden."
Mitunter wurde behauptet, Oscar Huldschinsky sei bereits 1891 im Besitz seiner bedeutenden Kunstsammlung gewesen und hätte dafür die Villa am Wannsee erbauen lassen. In Wilhelm von Bodes Bericht „Die Sammlung Oscar Huldschinsky" von 1908 heißt es jedoch eindeutig: „Auch sie ist neu, ist ganz vom Besitzer selbst, und zwar erst in den letzten fünfzehn Jahren zusammengebracht, für sein Haus gesammelt worden, wie dieses für die Kunstwerke erdacht ist."

In Oscar Huldschinskys und Wilhelm von Bodes Korrespondenz während der Bauphase in der Matthäikirchstraße geht es zunächst auch nur um Fragen der Raumausstattung. Am 24. Februar 1892 erklärt sich Oscar Huldschinsky zwar mit dem Ankauf von Schreibzimmer- und Bibliotheksmöbeln einverstanden, möchte aber mit den Teppichen und der Schreibtischausstattung noch warten, weil er diese erst Ende des nächsten Jahres brauche. Am 15. Oktober 1892 fragt er von Bode, ob der sich in Venedig nach einem „Plafond XVI. Jahrhundert" für sein Antiquitätenzimmer umschauen könne, „etwa 6x6 Meter". Am 8. Juni 1893 bittet er ihn, sich einen alten Rahmen im Bildersaal seines Hauses anzuschauen, der mit einem Spiegel versehen als Aufsatz für einen Kamin gedacht sei und den er nicht länger hängen lassen wolle, „weil er durch den Baustaub etc. zuviel leiden könnte".

Erst als die Fertigstellung des Hauses in der Matthäikirchstraße sich abzeichnete, ließ Oscar Huldschinsky am 16. Januar 1893 Wilhelm von Bode im Zusammenhang mit einer Auktion in „Rudolph Lepke's Kunst-Auctions-Haus" wissen, dass er auf einiges mitbieten lassen wolle: „Für meine Sammlung ist wohl nur der Terborch geeignet, aber die anderen billigen Sachen sind immerhin so hübsch, dass sie in den Fremdenzimmern einen netten Schmuck geben." Abschließend fügte er hinzu: „Von Mittelmäßigem habe ich bald genug; ich möchte jetzt doch an feinere Sachen herangehen."

Sein jährlich wachsendes Vermögen, das 1895 auf 17,28 Millionen geschätzt wurde, erlaubte Oscar Huldschinsky seinerzeit nicht nur den Bau und die prächtige Ausstattung der beiden Villen, sondern auch den allmählichen Ankauf wertvoller Gemälde. Er hatte außerdem in den Jahren 1891/92 in Gleiwitz für seine Angestellten 55 eingeschossige Zweifamilienhäuser mit kleinen Gärten und Stallungen, einem Badehaus und einer Kochschule erbauen lassen, einige Jahre später in der „Huldschinsky-Siedlung" an der Bergwerkstraße (heute: Ulica Chorzowska 46) eine römisch-katholische Kirche im gotischen Stil und in Form eines griechischen Kreuzes nach den Plänen des Berliner Architekten Örtzen.

1893 schied Bendix Meyer wegen Unstimmigkeiten aus der Firma aus und gründete die Oberschlesischen Kesselwerke B. Meyer GmbH. Nachdem auch Edwin Huldschinsky im selben Jahr ausgeschieden war, wandelte Oscar Huldschinsky das Werk in eine Aktiengesellschaft mit Sitz in Berlin um, deren Mehrheitsaktionär er selbst war; nur vier Aktien waren in fremdem Besitz. Die Firma hieß von da an „Huldschinskysche-Hüttenwerke-Aktiengesellschaft".

Edwin Huldschinsky bezog 1894 mit Ehefrau Clara und Kindern, bis dahin wohnhaft in der Lichtensteinallee 3a, ein repräsentatives Stadthaus in der Tiergartenstraße 8d, nicht weit von der Matthäikirchstraße und in unmittelbarer Nachbarschaft der Familie James Simon in der Tiergartenstraße 15a. Nicht mehr erleben durften Edwin und Clara den Ruhm ihres jüngsten Sohnes. 1926 wurde Dr. Kurt Huldschinsky, geboren am 24. November 1883 in Gleiwitz, für seine Forschungen zur Rolle des UV-Lichts bei der Prävention und Therapie der Rachitis, auch „Englische Krankheit" genannt, mit dem Otto-Heubner-Preis der Deutschen Gesellschaft für Kinderheilkunde ausgezeichnet und 1929 für den Medizinnobelpreis vorgeschlagen. Vielleicht weil bereits im Vorjahr an den deutschen Chemiker Adolf Otto Reinhold Windaus der Chemienobelpreis ergangen war, ist es zu dieser Auszeichnung nicht gekommen. Verheiratet war Dr. Kurt

Huldschinsky seit 1914 mit Hedwig Maria Strasser, Tochter des österreichischen Bildhauers Arthur Strasser, dessen Bronzeplastik „Marc Anton mit Löwengespann", geschaffen für die Weltausstellung 1900 in Paris, noch heute vor dem Wiener Sezessionsgebäude zu sehen ist.

Nach der Fertigstellung des Hauses in der Matthäikirchstraße beauftragte Oscar Huldschinsky Wilhelm von Bode zunehmend mit dem Ankauf hochpreisiger Kunstwerke. Wie seiner Korrespondenz mit Bode zu entnehmen ist, sammelte Oscar Huldschinsky nicht allein aus Prestigegründen. Er zeigte Interesse, eignete sich Kenntnisse über Künstler und ihre Werke an, schulte sein Auge in Museen und Galerien und studierte den Kunstmarkt. War er sich des Angebots eines Galeristen nicht ganz sicher, holte er Bodes kompetentes Urteil ein, wie aus einem Brief vom 28. August 1904 hervorgeht: „[S]o gern ich einen Rembrandt haben möchte, so scheint mir doch der von Colnaghi [Kunstgalerie in London] angebotene etwas fade und nicht ersten Ranges. Indessen nach der Photographie lässt sich das nicht beurteilen und wenn Sie anderer Ansicht sind, so würde ich Colnaghie [sic] anfragen, ob er ihn noch hat und ihn mir dann nochmals herkommen lassen."

In der Matthäikirchstraße sollen seinerzeit siebzehn Millionäre im eigenen Haus oder zur Miete in bis zu fünfzehn Zimmer großen Wohnungen gelebt haben, und mehr als 36 private Kunstsammlungen soll es um die Jahrhundertwende allein rund um das Lennédreieck, die Matthäikirch- und die Tiergartenstraße gegeben haben.

Wie James Simon, Eduard Arnhold, Margarete Oppenheim, Karl von der Heydt, Robert und Franz von Mendelssohn und viele andere vermögende Persönlichkeiten gehörte auch Oscar Huldschinsky zu den Gründungsmitgliedern des Kaiser-Friedrich-Museumsvereins und war einer seiner Mäzene und Gönner. Soweit bekannt ist, finanzierte er 1896 den Kauf einer Pastellzeichnung mit dem Titel „Conversation" von Degas, da für Kaiser Wilhelm II. die Malerei der französischen Impressionisten „Rinnsteinkunst" war und dem Museum dafür keine Mittel zur Verfügung standen. Des Weiteren stiftete Oscar Huldschinsky 1900 eine sehr seltene Tüchleinmalerei von Hugo van der Goes mit dem Titel „Die Beweinung Christi" (heute: Gemäldegalerie Berlin), das Gemälde „Die Madonna mit den Feldblumen" von Jan van Scorel (heute: Gemäldegalerie Berlin), gab

1905 die Mittel für eine „Denker"-Bronze von Rodin (bei Rodin direkt erworben von Hugo von Tschudi, 1896–1908 Direktor der Nationalgalerie Berlin) und stellte 1910 5000 Francs zur Verfügung für den Kauf der Bronzeplastik „Kauernde" von Rodin (heute: Neue Pinakothek München), wollte aber als Finanzier nicht genannt werden.

Als im März 1906 zur „Feier der Silbernen Hochzeit des Allerhöchsten Kaiserpaares" im ehemaligen Gräflich Redern'schen Palais, Unter den Linden 1, eine „Ausstellung von Werken alter Kunst aus dem Privatbesitz der Mitglieder des Kaiser Friedrich-Museums-Vereins" gezeigt wurde, stammten 27 Exponate aus der Sammlung von Oscar Huldschinsky.

※

Ab 1893 pflegte die Familie Huldschinsky jedes Jahr die Monate Mai bis Mitte September am Wannsee zu verbringen. Schon im Voraus wurde ein Teil des Personals mit allem, was für den Haushalt und den Komfort der Herrschaften nötig war, hinausgefahren, in späteren Jahren auch einzelne Gemälde und dekorative Kunstgegenstände. 1893 verlängerte sich unvorhergesehen der Aufenthalt über Ende September hinaus. Lili, das vierte Kind von Ida und Oscar, kam am 2. Oktober am Wannsee zur Welt.

Noch im selben Monat bezog die Familie ihr Stadthaus in der Matthäikirchstraße 3a. Susanne war sechs, Paul im August vier und Minze im September zwei Jahre alt geworden. Die Kinder machten große Augen, als die Kutsche bei ihrer Ankunft nicht vor dem Haus hielt, sondern durch das seitlich gelegene schmiedeeiserne Tor fuhr und, nachdem sich als nächstes eine mächtige Eichentür wie von Zauberhand geöffnet hatte, in einer hohen, mit Marmor verkleideten Eingangshalle vor einer Treppe Halt machte. Wie es heißt, war es Oscar Huldschinsky ein besonderes Anliegen gewesen, dass die Familie, aber auch Besucher und Gäste, geschützt vor jeder Witterung und vor allem unbeobachtet von Nachbarn und Passanten, aussteigen und ins Haus gelangen konnten.

Eine Planskizze vom Hochparterre mit einer Fläche von 500 bis 600 Quadratmetern, wo sich die Wohn- und Repräsentationsräume befanden, gibt eine Vorstellung von der Größe und Weitläufigkeit des zweigeschossigen Wohnhauses in der Matthäikirchstraße 3a. Privat- und

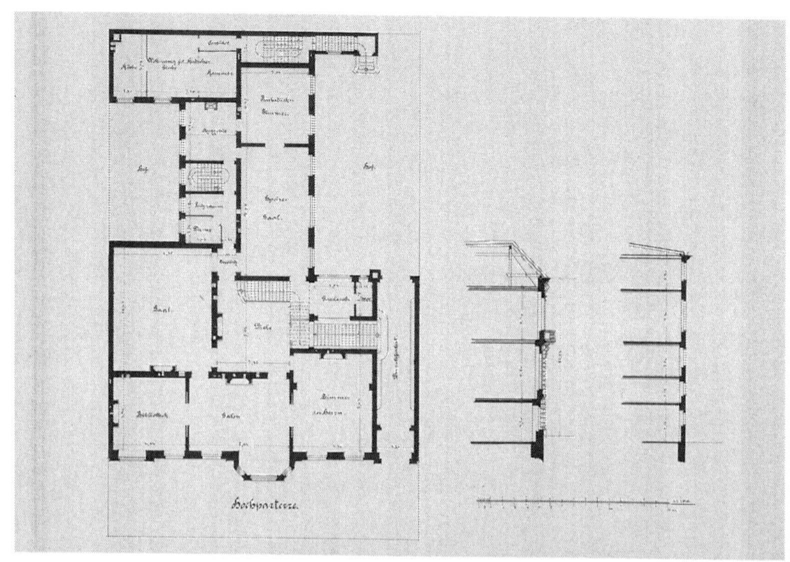

Planskizze Hochparterre, Matthäikirchstraße 3a

Schlafräume, Kinder- und Gästezimmer befanden sich im Obergeschoss, im Souterrain die Wirtschaftsräume und im Dachgeschoss möglicherweise Personalzimmer.

Ob bereits beim Einzug im Oktober 1893 die Eingangstreppe, die Empfangshalle und die hinaufführende marmorne Treppe, wie auf dem Foto abgebildet, mit einem dunkelroten Smyrnateppich ausgelegt waren und die Kinder von Berninis lebensgroßer Marmorbüste eines Mannes mit dichtem, lockigem Haar und kleinem Schnurr- und Spitzbart begrüßt wurden, wissen wir nicht.

Möglicherweise hingen beim Einzug auch noch nicht die beiden prachtvollen Gobelins „Reiter im Schlosspark“ und „Aufbruch zur Jagd“ nach Adam Frans van der Meulen unter der Glaskuppel im Obergeschoss. Die darauf abgebildeten höfisch gekleideten Reiter, wovon der eine wagemutig in gestrecktem Galopp durch die Luft zu fliegen scheint, ein anderer gelassen sein sich aufbäumendes Pferd zügelt, sollen Paul in seiner Kindheit sehr beeindruckt haben, und vielleicht haben sie seine Leidenschaft für Pferde und das Reiten entfacht.

Diele, Matthäikirchstraße 3a

Pauls Neffe, Peter Reichenheim/Rickham, erzählt in seinen Erinnerungen, dass er während eines längeren Aufenthalts seiner Familie im Haus des Großvaters manchmal in unbeaufsichtigten Momenten in die Gästetoilette in der Empfangshalle entwischt und dort mit angezogenen Beinen auf dem Holzdeckel des WC gesessen sei. Nicht genug habe er davon bekommen, die strohgedeckten Häuser zu betrachten, die Frauen in Holzschuhen und Flügelhauben, die in einem hölzernen Fass Butter stampften, die Wasserträger, Männerköpfe mit langen Tonpfeifen, die mit Hunden herumtollenden Buben und die sich aufbäumenden Rösser, die Segelschiffe mit geblähten Segeln, die Seehunde und Riesenfische, die ihr Maul aufrissen und die phantastischen Vögel und Blumen. Er habe sich in dem mit handbemalten Delfter Kacheln gefliesten Raum wie in einem überdimensionalen Bilderbuch gefühlt und die Zeit vergessen.

※

Wandteppiche, Matthäikirchstraße 3a

Strengstens untersagt war Paul und seinen Schwestern wie auch später den Enkeln und Enkelinnen, ohne Begleitung eines Erwachsenen den Bildersaal in der Matthäikirchstraße zu betreten. Großvater Huldschinsky sei „sehr streng und unnahbar" gewesen, schreibt seine Enkelin Jannie in ihren Lebenserinnerungen. Bei ihren gelegentlichen sonntäglichen Museumsbesuchen habe der Großvater ihnen wenig erklärt und langdauernde Gespräche mit anderen Herren geführt. Er sei wütend geworden, „wenn eine von uns gähnte, das fand er sehr unhöflich". Nur eine einzige positive Erinnerung an den Großvater scheint Jannie gehabt zu haben, und das waren „seine schönen Hände mit den eckigen Fingern, wenn ich ihm zusah, wie er eine seiner unzähligen Patiencen legte".

Wie alt mag Paul Huldschinsky gewesen sein, als er zum ersten Mal die Gemäldesammlung anschauen durfte? Und hat der Vater sie ihm persönlich gezeigt?

Von der Diele führte eine Flügeltür in den Saal, der ca. 85 Quadratmeter groß und sechs Meter hoch war. Durch eine Glaskuppel fiel gedämpftes Licht. An den Wänden hingen übereinander in Dreier- und Viererreihen, in sog. Petersburger Hängung, schätzungsweise fünfzig Gemälde. An den Stirnseiten befanden sich prachtvolle Kamine mit Spiegelaufsätzen. In der Mitte des Raumes konnten Besucher auf einer ausladenden, gepolsterten Sitzbank mit Rückenlehnen Platz nehmen und von allen Seiten die Bilderwände betrachten. An einer Saalseite stand ein mit einer schweren Brokatdecke verhüllter Flügel.

Bildersaal, Matthäikirchstraße 3a

Wenn Oscar Huldschinsky so unnahbar war, ist es nur schwer vorstellbar, dass er, mit einer Hand auf Pauls Schulter, seinen Sohn von Bild zu Bild geführt und ihm etwas zu den jeweiligen Malern erzählt hat. Kinder betrachten Bilder anders als Erwachsene, achten weniger auf die Malerei, aber entdecken oft Kleinigkeiten, die dem Auge von Erwachsenen manchmal entgehen. Paul würde es wohl kaum gewagt haben, seinen Vater auf das Mäuslein in der unteren Ecke des Gemäldes von Gerard Dou aufmerksam zu machen, das an einem Apfelschnitzen oder Brotstückchen nagt. Zur damaligen Zeit hatten Kinder nur zu sprechen, wenn sie von einem Erwachsenen gefragt wurden.

In Oscar Huldschinskys Herren- oder Antiquitätenzimmer konnte man über die Diele gelangen oder den im Rokokostil eingerichteten Damensalon durchqueren mit seinen zierlichen, kolorierten Stuckarbeiten an Decke und Wänden, den Seidentapeten, dem eleganten Mobiliar und den galanten Gemälden. Ida Huldschinsky pflegte an den Nachmittagen ihre Besucher dort zum Tee zu empfangen.

Rokokozimmer, Matthäikirchstraße 3a

Oscar Huldschinskys Herrenzimmer war mit schweren italienischen Renaissancemöbeln und einer geblümten niederländischen Ledertapete an den Wänden unter einer dunklen Kassettendecke ausgestattet. Auf umlaufenden Borden standen Statuetten, meist aus Bronze, und über einem zierlich gearbeiteten Kamin war ein großes Madonnenrelief in bemaltem Ton zu sehen. Erst ab 1907/08, so wissen wir von Wilhelm von Bode, hing links davon das Juwel von Oscar Huldschinskys Kunstsammlung, Raffaels Bildnis des Giuliano de' Medici, Herzogs von Nemours. „Das Werk, das alles beherrscht, das den Eindruck des ganzen Zimmers im wesentlichen bestimmt [...]; nicht nur durch die Bedeutung des Namens, sondern vor allem durch die Wucht der Erscheinung, durch Grösse der Auffassung und prächtige Färbung. [...] Die brennend rote Weste, die aus dem schwarzen Pelz hervorleuchtet, kontrastiert mit dem grünen Vorhang, von dem sich der Kopf mit der schwarzen Kappe über goldgelbem Haarnetz gross und edel abhebt."

Herrenzimmer, Matthäikirchstraße 3a

Als ein wunderbar passendes Pendant zu Raffaels „Giuliano" hatte Oscar Huldschinsky das Porträt einer vornehmen, römischen Dame von Sebastiano del Piombo erworben. Man vermutet, dass es sich dabei um die Dichterin Vittoria Colonna handelte. Da außer ihm zur damaligen Zeit niemand einen Raffael privat besessen haben soll, war Giulianos Porträt Oscar Huldschinskys ganzer Stolz.

※

Der Alltag der vier Huldschinsky-Kinder spielte sich, wie in Familien der Oberschicht seinerzeit üblich, bis zu einem gewissen Alter getrennt von dem der Eltern ab. In den ersten Jahren wurden die Kinder von Kinderfrauen betreut und versorgt, anschließend von Gouvernanten beaufsichtigt und erzogen und von Privatlehrern unterrichtet. Ein Dr. Martin Runze soll Paul auf das Königliche Wilhelms-Gymnasium vorbereitet haben, das er ab seinem zehnten Lebensjahr in der Bellevuestraße 15, Ecke Viktoriastraße beim Potsdamer Tor besuchte. Die Söhne von höheren Beamten, Offizieren, Bankiers und vermögenden Kaufleuten erschienen an diesem Gymnasium zum Unterricht im dunklen Anzug, weißen Oberhemd mit Stehkragen, Schleife oder Krawatte. „Lackstiefelgymnasium" wurde es von den Berlinern genannt.

Oscar Huldschinsky, o. J.

Ihren Vater haben Paul und seine Schwestern höchst selten zu sehen bekommen. Entweder war Oscar Huldschinsky geschäftlich über längere Zeit von zu Hause abwesend oder ging seinen Leidenschaften nach. Das waren das Bergwandern und die Jagd, wofür er das Anwesen „Grüneck" in Kreuth am Tegernsee vom Herzog von Bayern gepachtet hatte. In späteren Jahren war das Segeln seine große Leidenschaft. Seine Schonerkreuzer, vom schottischen Yachtenkonstrukteur William Fife entworfen, waren berühmt für ihre Regattasiege.

Achtmal ließ er die Yachten in Kiel starten und achtmal gewannen sie erste Preise, darunter den wertvollen Gold-Cup des Königs von England. In diesem Zusammenhang sollte Oscar Huldschinsky der Königliche Kronen-Orden verliehen werden. Er habe ihn jedoch abgelehnt, weil er damit nicht als einer der bedeutendsten Industriellen Deutschlands ausgezeichnet werden sollte, sondern dafür, dass er mit dem Kaiser segelte. Im Sommer verbrachte Oscar Huldschinsky meist mehrere Wochen auf seiner Lieblingsyacht „Susanne", benannt nach seiner erstgeborenen Tochter. Die Mannschaft bestand aus zwölf Leuten und einem englischen Skipper. Für seine mehrwöchigen Aufenthalte an Bord ließ Oscar Huldschinsky sogar eigenes Briefpapier anfertigen mit einer Abbildung der Yacht in voller Fahrt mit aufgeblähten Segeln.

Segler „Susanne"

Wie darf man sich Idas und Oscars Ehe vorstellen? Als einander liebevoll zugetan vermag man sich das Paar nur schwer vorstellen. Ida sei, so heißt es in der Familie, ihren vier Kindern eine sehr fürsorgliche Mutter gewesen. Sie habe sie gerne um sich gehabt. Wenn sie in ihrem privaten Zimmer im Obergeschoss Briefe schrieb oder die Haushaltsbücher führte, stand für Paul und seine Schwestern die Tür offen. Das Zimmer war behaglich eingerichtet mit Bildern von Idas Familie, kleinen Gegenständen, an denen ihr Herz hing und womit Erinnerungen verbunden waren, mit einem Diwan und einem zierlichen Schreibtisch.

Ida Huldschinskys Alltag war ausgefüllt. Sie stand einem großen Haushalt mit zahlreichem Personal vor, und obschon Oscar Huldschinsky als nicht besonders gesellig geschildert wird, war das Ehepaar seiner gesellschaftlichen Stellung schuldig, Einladungen zu machen und zu erwidern. Ida oblag alles, was mit dem Personal zu tun hatte. Die wöchentlichen Küchenpläne waren zu besprechen, Einladungen und größere Feste mit der Küche und Dienerschaft vorzubereiten. Dabei gab es viel

Ida Huldschinskys privates Zimmer in der Matthäikirchstraße 3a

Ida Huldschinsky, o. J.

zu bedenken: die Zusammenstellung des Menüs, die Gestaltung der Einladungs- und Menükarten, die Sitzordnung, welches Porzellan und Tafelsilber aufgedeckt wurde, welche Art von Tischschmuck, die Frage, ob zusätzliche Lohndiener eingestellt werden mussten usw. Außerdem hatte eine Dame ihres Standes täglich sehr viel Zeit dafür aufzuwenden, ihre Frisur in Form bringen zu lassen und ihre Garderobe entsprechend der Tageszeit und den gesellschaftlichen Anlässen zu wechseln. Dazu gehörten regelmäßige Besuche und Anproben bei Schneiderinnen und Modistinnen.

Porträt von Ida Huldschinsky, gemalt von Hans Canon, 1884

Ein Porträt, das in der Bibliothek in der Matthäikirchstraße gegenüber dem von Oscar Huldschinsky hing, zeigt Ida in einem Kleid aus schwerem dunklem Samt mit Brokatbesatz und Spitzenjabot und ausladenden, sogenannten Keulenärmeln. Es lässt sie matronenhaft erscheinen, obwohl sie damals erst 24 Jahre alt war.

※

Anhand von Paul Huldschinskys Fotoalbum lässt sich verfolgen, wie aus dem pausbäckigen Kleinkind ein schmaler, zart wirkender Sechsjähriger wurde, dann ein strammer Zehnjähriger mit glatter Ponyfrisur und bald darauf ein eleganter junger Mann, dessen Haar eine eigenwillige Naturwelle entwickelt hatte, das er seitlich gescheitelt trug. Auli, wie Paul in der Familie genannt wurde, ließ sich offenbar gern von seiner Schwester Susanne fotografieren, einmal im sportlichen Glenscheckanzug, ein anderes Mal im eleganten dunklen Anzug, immer stilvoll mit weißem Hemd, Weste, Krawatte, Einstecktuch und goldenen Manschettenknöpfen, und meistens mit einem Buch. Die Bücher waren kein bloßes Accessoire. Er sei, heißt es in der Familie, zeitlebens ein passionierter Leser gewesen.

Paul Huldschinsky, Winter 1906/07

Im Alter von fünfzehn, sechzehn Jahren spielt Paul Huldschinsky begeistert Tennis, zumal man am Wannsee über private Plätze verfügte. Ein Gruppenfoto, beschriftet mit „Tennis-Tournier, Wannsee. Sommer 05" und den Namen der abgebildeten Personen, ist das einzig erhaltene Foto, auf dem Paul zusammen mit seinen drei Schwestern zu sehen ist. In der Mitte sitzt die achtzehnjährige Susanne, zu ihren Füßen der sechzehnjährige Paul mit zwei Tennisschlägern, links hinter ihnen die zwölfjährige Lili und rechts außen die vierzehnjährige Minze. Die Gruppe wird flankiert von jeweils zwei Balljungen.

Rechts hinter Susannes Freundin Fifi Reichenbach steht mit hochgeschlagenem Kragen und Kreissäge (flacher Strohhut) deren Bruder Otto, den Susanne im Jahr darauf heiraten sollte.

Tennisturnier am Wannsee, Sommer 1905

Herzlich wenig wissen wir über Pauls Jahre am Gymnasium. Welche Fächer haben ihn besonders interessiert? War er ein guter oder mittelmäßiger Schüler? Ein schlechter Schüler wird er nicht gewesen sein, da er keine Klasse wiederholt hat und Ostern 1908 das Abiturienten-Examen bestand. Anschließend unternahm er zusammen mit Susanne und Otto eine Reise im Automobil nach Paris. Unterwegs haben sie wohl eine Reifenpanne gehabt. Mit der Kamera hat Susanne festgehalten, wie Paul und Otto mit einer dritten männlichen Person, entweder einem Chauffeur oder einem sie begleitenden Mechaniker im weißen Mantel, einen Reifen wechseln.

Wie es nach dem Abitur weiterging, darüber gibt ein handschriftlicher Lebenslauf vom 30. Januar 1914 Auskunft. Demnach habe er zunächst ein Semester Landwirtschaft in Bonn am Rhein studiert, um sich für seinen „zukünftigen Beruf als Landwirt vorzubereiten". Von Oktober 1908 bis Oktober 1909 diente er als Einjährig-Freiwilliger im Kürassier-Regiment Nr. 6 in Brandenburg an der Havel.

Paul Huldschinsky, 1909

Anschließend absolvierte Paul Huldschinsky bis Oktober 1910 ein Volontariat auf dem Fürstlich von Bismarck'schen Rittergut Schönhausen an der Elbe und setzte anschließend sein Studium an der landwirtschaftlichen Hochschule in Berlin bis Ostern 1912 fort.

Was könnte den Unternehmersohn zu einem landwirtschaftlichen Studium bewogen haben? Seine Tochter Jannie schreibt in ihren Lebenserinnerungen, dass ihr Vater von Jugend an ein leidenschaftlicher Reiter gewesen sei. Bereits mit Anfang zwanzig habe er den Ruf eines exzellenten Polospielers gehabt. Einmal sei er sogar von Georg Fürst Fugger von Babenhausen zu einem Turnier-Polospiel auf Gut Bannacker bei Augsburg eingeladen gewesen.

Könnte ihn das Leben seiner jüngeren Schwester als Gutsherrin zu diesem Studium animiert haben? Marie/Minze hatte 1909 im Alter von neunzehn Jahren Max Friedheim, geb. 1882 in Köthen und Sohn des Geheimen Kommerzienrats Felix Friedheim, geheiratet und bewirtschaftete mit ihm das Rittergut Baerfelde bzw. Schloss Baerfelde im Kreis Königsberg/Neumark (heute: Palac w Smolnicy in der Woiwodschaft Westpommern in Polen). In älteren Besitzverzeichnissen wird angegeben, Max Friedheim habe das Gut 1908/09 erworben.

Dem widerspricht allerdings ein Passus in Oscar Huldschinskys Testament vom 29. Juni 1931, in dem die jeweiligen Erbanteile der Kinder und Enkel aufgeführt sind. Dort heißt es: Der „für meine Tochter Marie zum

Schloss Baerfelde, 1916

Ankauf von Bärfelde im Jahre 1909 gezahlte Betrag von 2.500.000 Mark soll nur mit 850.000 Mark angerechnet werden". Das Schlossgut müsste demnach Maries Mitgift gewesen sein.

Maries und Max Friedheims jüngster Sohn Heinrich hat seinen Vater als einen professionellen Landwirt beschrieben, der sich durch gründliche Kenntnisse und seine große Leidenschaft für Land- und Forstwirtschaft sowie für eine artgerechte Tierhaltung ausgezeichnet habe, sodass in den 1920er Jahren Baerfelde der ehrenvolle Titel „Mustergut" verliehen worden sei. Max Friedheim war außerdem ein erfolgreicher Züchter von Rennpferden. Seine Rennpferde gewannen jahrelang mehrere Rennen. Die Liebe zu Natur und Tieren und einem Leben auf dem Land habe seine Eltern auf das Glücklichste verbunden, schreibt Heinrich Friedheim. Seine Mutter sei sehr bodenständig und praktisch veranlagt gewesen. Obwohl sie eine große Zahl an Personal gehabt hätten, habe sie gerne zugepackt, ob bei Hausarbeiten oder auf der Hühnerfarm. Außerdem sei sie „ein sehr friedfertiger Mensch" gewesen, habe für alle Sorgen der Dorfbewohner, die überwiegend auf dem Gut arbeiteten, immer ein Ohr gehabt, sich um Kranke, Wöchnerinnen und vor allem um die Kinder im Dorf gekümmert.

Paul und Marie Huldschinsky, um 1908

Ein Grund für Pauls Landwirtschaftsstudium könnte auch ein weiteres Rittergut gewesen sein, das Oscar Huldschinsky 1910 in Büssow bei Friedeberg/Neumark erworben hatte. Soviel bekannt ist, wurde William Müller, ein damals bekannter Architekt für

Umbauten von Schlössern und Besitzgütern aller Art, von Oscar Huldschinsky mit der Errichtung von Gutsgebäuden in Büssow beauftragt und Otto Reske, ein Garteninspektor, mit der Ausführung umfangreicher Neuanlagen. Vielleicht war Gut Büssow von Oscar Huldschinsky als zukünftige Existenzgrundlage für Paul geplant gewesen. Es sollte jedoch anders kommen.

※

Zunächst unternimmt der Student der Landwirtschaft im Februar 1911 mit einer Gruppe von Freunden eine Ägyptenreise. Im August macht er anscheinend mit der Familie Urlaub in Sils Maria im Oberengadin. Auf einem

„An Bord der Indiana – Fahrt von Wadi-Halfa nach Schellal (Assuan)", 14. Februar 1911

„Assuan", 17. Februar 1911

Foto (S. 46) sieht man Paul Huldschinsky in Tenniskleidung, etwas erhöht stehend und auf eine junge Frau hinunterblickend, die zusammen mit Pauls Schwester Susanne und Schwager Otto auf einer Gartenbank Platz genommen hat. Die junge Frau in gestreifter Jacke und mit breitkrempigem Hut ist Aniela Henriette Fürstenberg, genannt Lella.

In den Gästebüchern des renommierten Hotel Waldhaus, das noch heute wie ein Schloss auf einer bewaldeten Anhöhe den Ort Sils Maria

Paul Huldschinsky, Lella Fürstenberg, Susanne und Otto Reichenheim in Sils Maria, August 1911

überragt, fanden sich mehrere Einträge der Familien Fürstenberg und Huldschinsky. Nach Auskunft von Urs Kienberger vom Hotel Waldhaus haben Oscar Huldschinskys Schwager Edwin und seine Schwester Clara viele Jahre lang bei ihnen Urlaub gemacht. Er mutmaßt, „dass Herr und

Frau Huldschinsky schon vor dem Bau unseres Hotels hier in Sils Maria Stammgäste meiner Urgroßeltern waren, die als angestellte Direktoren ein großes Kurhotel in St. Moritz Bad geführt [haben], das nicht ihnen gehörte: Das Hotel Du Lac". Bereits im ersten Waldhausjahr 1908 hätten Edwin und Clara Huldschinsky nicht weniger als zwei Monate bei ihnen verbracht und bis 1912 jedes Jahr fast zwei Monate. 1913 war Edwin Huldschinsky verstorben.

Hans Fürstenberg, Lellas Bruder, schreibt in seinen Lebenserinnerungen, in Sils Maria mit dem „brillant geführten Hotel Waldhaus des Herrn Gieger [Urgroßvater von Urs Kienberger] habe sein Vater das Ferienparadies gefunden, das ihm und den Seinen für mehr als ein Jahrzehnt alle Freuden des Sommers verschaffte".

Für das Jahr 1911 fand Urs Kienberger im Gästebuch des Hotels folgende Einträge: „30. Juli bis 26. August Frau Carl Fürstenberg mit zwei Töchtern und Bedienung", ab „5. August Herr Carl Fürstenberg mit Herrn Sohn" und vom „31. Juli bis 28. August Oscar Huldschinsky mit Frau Gemahlin, Fräulein Tochter & Bedienung". Wer war „Fräulein Tochter"? Die noch nicht verheiratete Lili? „Herr Sohn" als auch Susanne und Otto Reichenheim sind namentlich nicht erwähnt. Von der Familie Huldschinsky belegt wurden „vier Zimmer, plus eines der damals seltenen Privat-Badezimmer sowie ein Dienerzimmer". Ist der Aufenthalt der Familien Fürstenberg und Huldschinsky zur gleichen Zeit in Sils Maria Zufall gewesen?

Das folgende Foto (S. 48) im Album zeigt Paul und Lella, ein glücklich lächelndes Paar, unterschrieben mit „Wannsee Juni 1912".

Was war geschehen?

Am Donnerstag, 6. Juni 1912, war in der Kolumne „Wovon man spricht" im Gesellschaftsblättchen *Berliner Salon* Folgendes zu lesen:

„Eine interessante Verlobung in den Kreisen der Berliner Finanzaristokratie ist dieser Tage von den beiden beteiligten Familien und den zahlreichen ihnen nahestehenden Freunden gefeiert worden. Der Bräutigam ist der einzige Sohn des bekannten Großindustriellen Huldschinsky, der außer ihm noch mehrere Töchter besitzt. Der junge Herr Huldschinsky hat sich mit Fräulein Fürstenberg verlobt, der Tochter Karl Fürstenbergs, des Inhabers der Berliner Handelsgesellschaft. Die Mutter der Braut ist eine geborene Polin und hieß mit ihrem Mädchennamen Aniela Nathanson. Sie ist die Tochter eines hervorragenden Frauenarztes von großer wirtschaftlicher Bedeutung, dessen Name weit über die Grenzen seines Vaterlandes gedrungen ist. Auch Frau Aniela Fürstenberg genießt in der Berliner Gesellschaft den begründeten Ruf, eine ungewöhnlich geistreiche Frau zu sein. Die Verlobung ist das Ergebnis einer langjährigen Jugendliebe, und Eingeweihte, die das junge Paar in der Gesellschaft öfter beisammen sahen, waren auf diesen Abschluß schon seit längerer Zeit vorbereitet. Der letzte Winter hat auch diese schöne Frucht gezeitigt."

Verlobung von Paul Huldschinsky und Lella Fürstenberg am Wannsee, Juni 1912

Demnach soll Paul und Lella also eine „langjährige Jugendliebe" verbunden haben. Etwas überraschend ist, dass es bis zu diesem Zeitpunkt kein einziges Foto von beiden in Pauls reichhaltigem Album gegeben hat, nur Fotos mit Fifi Reichenbach, Pussy Frankenberger und Marie-Anne von Friedländer-Fuld. Selbst auf einem Gruppenfoto vom Februar 1912 anlässlich eines Kostümfests bei Susanne und Otto Reichenheim ist keine Lella zu sehen. Deutlich zu erkennen inmitten der als barocker Hofstaat kostümierten Gästeschar sind hingegen Fifi und Pussy, mit denen Paul auch auf zwei Fotos bei einem weiteren Kostümfest im März 1912 posiert.

Leider gibt Carl Fürstenberg in seinen sehr ausführlichen Lebenserinnerungen keinen einzigen Hinweis zu der Verbindung seiner Tochter Lella mit Paul Huldschinsky. Nicht einmal der Name Paul Huldschinsky ist erwähnt. Seine Tochter beschreibt er als ein sehr ernsthaftes junges Mädchen, gescheit, ehrgeizig und diszipliniert. Voller Stolz erzählt der Vater von einer Begebenheit, die mit einem Besuch der Kieler Woche in

Verbindung stand: „Damals begleitete uns zum ersten Male meine Tochter Aniela, genannt Lella. Sie hatte, siebzehnjährig, gleichzeitig mit Hans ihr Abiturium bestanden und war damit nicht nur eine der jüngsten Abiturientinnen ihres Jahrgangs, sondern wohl überhaupt eine der ersten in Deutschland. Mädchengymnasien gab es damals ja überhaupt noch nicht, so daß meine Tochter mit einigen Gefährtinnen zusammen von einer besonderen Kommission geprüft wurde. Sie gehörte dann auch zu der geringen Anzahl von Frauen, die damals an der Berliner Universität immatrikuliert wurden. Der Kaiser ließ sich Lella vorstellen und fand an der Unterhaltung mit ihr aufrichtiges Gefallen. Noch am gleichen Tage sandte er ein Telegramm an mich ab, in dem er mir von dieser Unterhaltung erzählte und mir zu meiner Tochter mit herzlichen Worten gratulierte."

Zweifellos werden Paul Huldschinsky und Aniela Fürstenberg einander gekannt haben und sich begegnet sein bei gesellschaftlichen Anlässen, beispielsweise im Palais der Familie Friedländer-Fuld am Pariser Platz oder an Wochenenden auf deren Schloss und Domäne Lanke bei Bernau in Brandenburg, das sie von Graf Wilhelm Reden gepachtet hatten. Wie Paul waren auch Lella und ihr Bruder Hans seit frühester Jugend eng mit der bereits erwähnten Baby, Tochter von Friedrich Victor von Friedländer-Fuld und seiner Frau Milly Antonie Fuld, befreundet. Friedländer zählte wie Oscar Huldschinsky zu den reichsten Männern im deutschen Kaiserreich. 1906 war er als Herr von Friedländer-Fuld sogar geadelt und in das preußische Herrenhaus berufen worden. Er galt als ein Gesellschaftslöwe, der gerne im Rampenlicht stand. In der Gutsherrschaft Lanke betrieb er eine moderne Landwirtschaft, hielt erstklassige Pferde in seinen großen Stallungen, fuhr einen eigenen Viererzug und veranstaltete im Herbst auf Lanke spektakuläre Parforce-Jagden.

※

Im August 1911 in Sils Maria war Paul Huldschinsky gerade mal 22 Jahre alt und mitten im Studium. Oscar Huldschinsky war 36 Jahre alt, als er geheiratet hat. Warum also diese plötzliche Eile?

Möglicherweise könnte daran eine andere junge Dame nicht ganz unschuldig gewesen sein – Helen Katharina Anita Berta Grund, die als Helen

Hessel berühmt werden sollte. In ihrem „Journal d'Helen" erwähnt sie Hulle, wie sie Paul Huldschinsky nennt, sehr oft. Als sie seine Bekanntschaft gemacht habe, sei er 22 Jahre alt und ein sehr hübscher Junge mit blonden Haaren gewesen. Hulle habe sich damals mit ihr verloben wollen, und es wäre für sie eine große Verlockung gewesen, in seine vermögende Familie einzuheiraten. Helen war zu der Zeit bereits 25 Jahre alt und stand unter dem Druck, heiraten zu müssen. Der englischstämmige, dreißig Jahre ältere Maler George Mosson, mit dem sie eine längere Beziehung hatte, kam dafür nicht in Frage. Hulle aber sei so jung und vertrauensvoll gewesen. Sie habe nicht zu ihm gepasst. Außerdem hätte sie unter einem schlechten Gewissen gelitten, wenn sie sich nur wegen seines Geldes mit ihm verlobt hätte. Kurze Zeit später habe Paul sich mit „seiner jetzigen Frau" verlobt. Soweit Helens Darstellung in ihrem „Journal". Sie ist dann im September 1912 nach Paris gegangen, wo sie den Schriftsteller Franz Hessel kennenlernte und ihn 1913 heiratete.

Das Problem bei diesen Aussagen ist Helens Glaubwürdigkeit. Helen Hessels Biografin, Marie-Françoise Peteuil, schreibt zum „Journal d'Helen":

„Es ist ein überwältigendes Werk, das Helen zu den berühmten Liebenden, den Meistern der Bekenntnisliteratur aufrücken lässt. Es ist aber auch ein trügerisches Werk. Man darf dem ‚Journal' nicht trauen. [...] Das ‚Journal' ist kein regelmäßig geführtes Tagebuch, aber es ist in dieser Form geschrieben, und zwar auf Wunsch von Henri-Pierre Roché, als Gegenstück zu seinen ‚Carnets'. Roché, der Kunstliebhaber, kundige Sammler, spätberufene Schriftsteller und Verfasser jener akribisch genauen Tagebücher, die ihn berühmt gemacht haben, wollte aus ihrer gemeinsamen Geschichte ein mehrstimmiges Werk erschaffen [...]. Weil Helen aber auch stets etwas Unberechenbares an sich hatte, berichtet sie darin nicht nur, wie verlangt, von ihrer intimen Beziehung mit Roché, sondern erzählt auch von sich, sie versucht ihn zu fesseln und zu verblüffen, indem sie übertreibt, provoziert, die Geschichte auf ihre Weise umgestaltet. Das ‚Journal' ist also beides zugleich, ein Bericht, aber auch eine Darstellung, die verführen soll. Dabei nimmt sie es mit den Tatsachen nicht immer so genau, ein typischer Wesenszug von Helen, die souverän mit der Lüge spielt, um zur Wahrheit vorzudringen."

Helen Hessel war eine außergewöhnliche Frau und ebenso außergewöhnlich ist ihre und Rochés über zwei Jahrzehnte dauernde Beziehung gewesen, denn zur selben Zeit war sie mit dem Dichter Franz Hessel, einem engen Freund von Roché, verheiratet. Weltberühmt gemacht hat ihre „amour fou" François Truffaut, nachdem er als junger französischer Filmemacher 1955 an einem Bouquinistenstand ein Exemplar von Rochés Roman „Jules und Jim" entdeckt hatte. Die Dreieckgeschichte von Helen Hessel, Franz Hessel und Henri-Pierre Roché wurde von ihm mit Jeanne Moreau, Oscar Werner und Henri Serre verfilmt und kam 1962 in die französischen Kinos. Der Film wurde zu einem Riesenerfolg und ist bis heute ein Klassiker des Nouvelle Vague.

Paul Huldschinsky, um 1911

Helen Hessel hat Männer wie Frauen gleichermaßen fasziniert und bezaubert. Sie war ein „perfektes Beispiel einer befreiten Avantgardistin", schreibt ihre Freundin Charlotte Wolff. „Ihre blauen Augen, klar und kalt wie ein frostiger Frühlingstag, ihre Eleganz und Selbstsicherheit machten sie zum Inbegriff verführerischer Weiblichkeit." Für ihren Sohn Stéphane trug Helen „mit ihren blauen Augen und ihrem langen blonden Haar, ihrer ungestümen Zärtlichkeit und ihrem Drang zu verführen die Züge Aphrodites".

Warum also sollte nicht auch der 22-jährige Paul sich Hals über Kopf in Helen Grund verliebt haben? Aber hat er sich ernsthaft mit Helen verloben wollen und wurde er von Helen zurückgewiesen? Oder war es vielleicht so, dass Oscar Huldschinsky von dieser Beziehung seines Sohnes mit Helen erfahren hatte und alles daran gesetzt hat, dieser unseriösen Liaison so schnell wie möglich ein Ende zu setzen? Die langjährige Geliebte eines Malers, dazu drei Jahre älter als sein Sohn, war indiskutabel als Schwiegertochter für Oscar Huldschinsky. Außerdem war Helens Familie weder standesgemäß noch ebenbürtig. Fritz Grund habe als Bankier nicht viel getaugt, schreibt unverblümt Helens Sohn, Stéphane Hessel, in seinen Lebenserinnerungen. Sein Großvater habe sich mit Leuten umgeben, „die ihn sehr mochten, die ihn unterstützten, andernfalls wäre er wohl bankrottgegangen". Lieber, als sich um seine Geschäfte zu kümmern, habe Fritz Grund zum Pinsel gegriffen, sich ans Klavier gesetzt und amouröse Abenteuer gesucht.

Ein Familienpatriarch wie Oscar Huldschinsky wird in einer solchen Situation, sollte sie zutreffen, nicht lange abgewartet haben. Er überließ die Wahl der Ehepartner nicht einfach seinen Kindern. Verliebtheit war vergänglich, keine solide Basis für eine Beziehung, die ein Leben lang dauern sollte. Oscar Huldschinsky nahm keine Rücksicht auf derartige Gefühle, wie das Beispiel von Pauls ältester Schwester zeigt. Im Alter von neunzehn Jahren war Susanne in den sehr gut aussehenden und sportlichen Peter Reichenheim, Bruder ihrer Freundin Fifi, verliebt gewesen (auf dem „Tennisturnierfoto" (S. 42) sitzt er in vorderster Reihe ganz links) und hätte ihn schrecklich gern geheiratet. Obwohl sie seine erklärte Lieblingstochter war, bestimmte Oscar Huldschinsky, dass sie Peters älteren Bruder Otto, einen hochbegabten Physiker, heiratete. Von Peter Reichenheim/Rickham, dem zweitjüngsten von Susannes fünf Kindern, wissen wir, dass die Ehe seiner Eltern gar nicht glücklich war. Otto Reichenheim hatte außereheliche Beziehungen und scheint daraus vor seiner Ehefrau und seinen Kindern auch kein Geheimnis gemacht zu haben.

Insofern könnte auch die Verlobung von Paul und Aniela Fürstenberg ein in ihren Kreisen durchaus übliches Ehearrangement gewesen sein. Und entsprechend könnte der gemeinsame Aufenthalt in Sils Maria von den Eltern Huldschinsky und Fürstenberg geplant gewesen sein, damit die beiden jungen Leute in Sils Maria einander näherkamen. Lella war im heiratsfähigen Alter, sie war hübsch, gebildet, vielseitig interessiert, spielte Tennis. Zudem passten die Familien Huldschinsky und Fürstenberg hervorragend zusammen, was ihren gesellschaftlichen Status und ihre Vermögenslage anbelangten. Carl Fürstenbergs Vermögen wurde 1913 auf 16,3 Millionen Mark geschätzt mit einem Jahreseinkommen von ca. 1 Million; Oscar Huldschinsky stand 1913 mit einem Vermögen von 27 Millionen und einem Jahreseinkommen von 1,8 Millionen an zwölfter Stelle im

„Jahrbuch des Vermögens und Einkommens der Millionäre in Berlin". Vielleicht ist das „Ergebnis einer langen Jugendliebe" im Bericht über die Verlobung von der Redaktion des *Berliner Salons* lediglich eine romantische Zugabe gewesen.

※

Die Familie von Aniela/Lella Fürstenberg gehörte wie die Familie Huldschinsky der reichen jüdischen Berliner Oberschicht an und gesellschaftlich zu den ersten Kreisen. Der 1850 als Sohn eines jüdischen Bernsteinhändlers in Danzig geborene Carl Fürstenberg war achtzehnjährig nach Berlin gekommen und hatte es hier als sozialer Aufsteiger zum persönlich haftenden Gesellschafter der Berliner Handels-Gesellschaft, der damals fünftgrößten Berliner Bank, geschafft. Er galt als eine der führenden Persönlichkeiten der Berliner Finanzwelt im Kaiserreich. In zweiter Ehe war er mit Aniela, einer geborenen Nathanson mit polnischen Wurzeln, verheiratet. Sie war mit siebzehn Jahren von ihren Eltern mit Dr. Moritz Heinrich Treitel vermählt worden, dem sie drei Kinder geboren hatte. Von Dr. Treitel habe sie sich, wie Carl Fürstenberg es in seinen Erinnerungen umschreibt, „nach einigen Jahren der Ehe ihre Freiheit zurücknehmen müssen". Da Aniela viele Geschwister gehabt habe, wären ihre Eltern nicht in der Lage gewesen, sie und ihre Kinder zu unterstützen. Sie habe von einer bescheidenen Rente die ihr zugesprochenen drei Kinder, Hedwig, Heinrich und Ludwig, aufgezogen und außerdem mit dem Ruf der geschiedenen Frau sehr zurückgezogen leben müssen. Eine „Gleichmäßigkeit der Schicksale" habe ihn mit Aniela verbunden, da auch er geschieden gewesen war und zwei Kinder, Carl und Käthe, aus der ersten Ehe großgezogen hatte. Nach seiner Heirat 1889 mit Aniela hatte der gesellschaftliche Aufstieg des bis dahin ganz in seiner Arbeit aufgehenden Bankiers begonnen. Als Erstes bezog man ein standesgemäßes Haus in der Victoriastraße 7 im Tiergartenviertel. Etwa zeitgleich kaufte Carl Fürstenberg ein 25 500 Quadratmeter großes Grundstück am südwestlichen Rand der Kolonie Grunewald, an der Ostseite des Dianasees, in der Königsallee 51–55, und ließ dort zunächst als Sommersitz (ab 1907 Hauptwohnsitz) eine repräsentative Villa nach den Plänen von Oberhofbaurat Ernst Eberhard von Ihne errichten.

Haus Fürstenberg in Grunewald

Für offizielle Anlässe und Empfänge stand Carl und Aniela Fürstenberg eine Stadtwohnung im Erweiterungsbau zum Hauptgebäude der Handelsgesellschaft zur Verfügung. Bei Einladungen und Empfängen war die „Fürstin", wie Aniela unter Insidern genannt wurde, die Hauptperson. Sie organisierte den Haushalt mit zahlreichen Angestellten, den gesamten Ablauf der Feierlichkeiten und war für die Auswahl der Gäste zuständig. So schrieb der Schriftsteller und Journalist Alfred Kerr, bekannt und berüchtigt für seinen geistreich-ironischen Stil: „Der wirkliche Herr des Hauses war nicht der Finanzmann, sondern Aniela, seine Frau: Polin von fremdartiger Schönheit, aristokratisch, überlegen. Viel umstritten vom Neid." Mit ihrem teilweise übertriebenen Repräsentationswillen hätten Aniela und Carl Fürstenberg, beide jüdischer Herkunft, um ihre gesellschaftliche Anerkennung gekämpft.

Die Einladungen der Fürstenbergs waren begehrt, und Aniela Fürstenbergs regelmäßige Donnerstagsempfänge sollen Stadtgespräch gewesen sein. „Sie veranstaltete wissenschaftliche Vorträge, ließ den einen oder anderen Dichter in ihrem Salon Vorlesung halten, legte Wert auf Freundschaft mit Frauen, die geistige Interessen besaßen und die Kunst der Konversation beherrschten." Zu den häufigen Gästen gehörten Prominente wie Richard Strauß, Gerhart Hauptmann, Max Reinhardt, Walther Rathenau, Maximilian Harden, Alfred Kerr und vor allem Spitzenvertreter der deutschen Wirtschaft und Politik. Carl Fürstenberg verstand es, zu repräsentieren und sich zu inszenieren. Unter Freunden wurde er „Don Carlos" genannt. Sein Sohn Hans schreibt in seinen Erinnerungen: Er langweilte niemanden „mit langen Vorträgen. Er war nur ein witziger Causeur, der am Ende fast unvermeidlich jede Unterhaltung an sich riss."

*

Am 21. Oktober 1912 wurden Aniela/Lella Fürstenberg und Paul Huldschinsky standesamtlich und am darauffolgenden Tag kirchlich in Berlin-Grunewald getraut. Beide waren protestantisch getauft. Die Hochzeit fand im engsten Familienkreis statt. Ida Huldschinsky war nur wenige Monate zuvor, am 7. Mai 1912, nach kurzer schwerer Erkrankung im Alter von 52 Jahren verstorben, und die Angehörigen waren noch in Trauer. Auf dem einzig erhaltenen, etwas unscharfen Amateurfoto sitzt die Hochzeitsgesellschaft an einer festlich gedeckten Tafel in der Villa der Fürstenbergs in Grunewald. Es sieht so aus, als hätten alle wie auf ein Kommando in die Richtung des Fotografen geschaut. Das Brautpaar und Carl Fürstenberg haben sich etwas vorbeugen müssen, um an der ausladenden Kopfbedeckung von Pauls Schwester Susanne vorbei in die Kamera blicken zu können. Neben der von Paul fast völlig verdeckten Brautmutter Aniela sitzt am oberen Kopfende sehr gerade und mit unbewegter Miene Oscar Huldschinsky, inzwischen fast kahlköpfig.

Hochzeit von Paul Huldschinsky und Lella Fürstenberg
am 22. Oktober 1912 in Grunewald, Königsallee

Noch am selben Tag traten Paul und Lella ihre Hochzeitsreise an. Von dieser knapp vierzehntägigen Reise gibt es mehrere beschriftete und datierte Fotos. Auf keinem Foto sind sie als Paar oder ist eine bzw. einer von ihnen zu sehen. Es sind lediglich Fotos von ihren Reisestationen und den Hotels, in denen sie mutmaßlich abgestiegen sind: das Hotel Erbprinz in Weimar am 22./23. Oktober, das Hotel Continental in München vom 23. bis 25. Oktober, das Hotel Danieli in Venedig vom 26. Oktober bis 1. November, das Hotel Continental am 2./3. November. Das Ziel ihrer Reise ist demnach Venedig gewesen, wo sie am Quai des Esclavons im Hotel Danieli logierten, einem prächtigen ehemaligen Dogenpalast aus dem 14. Jahrhundert mit seinem gotischen Atrium, einer kostbaren Innenausstattung und einem einzigartigen Blick auf die Lagune mit der Insel San Giorgio Maggiore.

Selbstverständlich hatte der *Berliner Salon* auch über die Hochzeit berichtet und bereits in Erfahrung gebracht, dass das Paar „für die nächsten zwei Jahre seinen ständigen Wohnsitz in München" nehmen würde. „Studentin der Philosophie" war für Aniela Huldschinsky beim Königlich Preußischen Standesamt Berlin-Grunewald in der Sparte Beruf eingetragen worden, für Paul Huldschinsky jedoch nicht Student der Landwirtschaft, sondern „Architekt". Was war geschehen? In seinem Lebenslauf heißt es dazu: „Ostern 1912 gab mir mein Vater die Erlaubnis, meinen Beruf zu wechseln und Architekt zu werden."

Demnach muss Oscar Huldschinsky seinem Sohn vor der Verlobung die Erlaubnis dazu erteilt haben, und, wie aus den Unterlagen der Hochschule hervorgeht, hat sich Paul Huldschinsky am 4. Juni als „Studierender Nr. 21952" an der Königlich Technischen Hochschule in Berlin für die Abteilung Architektur immatrikuliert. In seinem Lebenslauf heißt es weiter: „Ich studierte 1 Semester auf der Technischen Hochschule in Charlottenburg-Berlin/Architekt u. siedelte Okt. 1912 nach München über. Seit der Zeit studiere ich auf der Technischen Hochschule in München Architektur." Diese Angaben werden in seinem Abgangszeugnis der Technischen Hochschule Berlin vom 6. September 1912 bestätigt.

Die Erwähnung, dass ihm sein Vater die Erlaubnis dazu gegeben habe, nimmt sich in einem Lebenslauf etwas eigenartig aus. Ist es möglicherweise ein Deal zwischen Vater und Sohn gewesen, wie man heute sagen würde? Du heiratest Aniela Fürstenberg und dafür darfst du Architektur studieren? Es könnte auch eine Bedingung von Aniela Fürstenberg gewesen sein. Als Gutsherrin auf einem Rittergut in Büssow kann man sie sich nicht vorstellen. War damit vielleicht auch ein von Paul schon länger gehegter Wunsch in Erfüllung gegangen? Bereits als Gymnasiast und neben dem Landwirtschaftsstudium hatte er bei Emil Orlik Zeichen- und Malunterricht genommen, einem seinerzeit bekannten Maler, Grafiker und Professor an der Staatlichen Lehranstalt des Berliner Kunstgewerbemuseums. Außerdem war er schon seit längerem aktives Mitglied im „Verein der Plakatfreunde/Berlin". Im Heft 1 (1908) war er sogar erwähnt worden: „Ein dritter neuer Name ist der des Berliners Paul Huldschinsky, eines Schülers von Emil Orlik. Von den drei Exlibris, die er bisher geschaffen hat, sind zwei diesem Hefte beigegeben." Er zeige sich „als geschickter und geschmackvoller Ornamentist". Die drei Erstlingsarbeiten des jungen Künstlers böten „einen vielversprechenden Anfang".

Zwei Jahre wollte laut *Berliner Salon* das junge Ehepaar in München, der damals führenden Kunst- und Kulturstadt, verbringen. Ohne nach Berlin zurückzukehren, bezogen Paul und Lella am 3. November 1912 ein Haus in der Kolbergerstraße 22 im Herzogpark, das laut Grundsteuerkatastereintrag 1907 erbaut worden und dessen Eigentümer die Baugesellschaft Herzogpark Gern GmbH war.

Wie waren Paul und Lella von Berlin aus an dieses idyllisch gelegene Landhaus gekommen? Dazu hatte sich Hans Harald Schlieper, ein Freund von Paul Huldschinsky, eine charmante Version frei nach Adelbert von Chamisso einfallen lassen:

„Das Riesenspielzeug: Haus Hulle ist in München den Menschen wohl bekannt, / Im Herzogpark, wo früher nicht Strauch und Baum noch stand; / Wo ehedem Gestrüpp nur, die Stätte wüst und leer, / Du fragtest nach dem Urwald, – Du findest ihn nicht mehr. // Einst kam bis Bogenhausen der gute Hulle vor / Erging sich sonder Wartung und spielend vor dem Thor / Und stieg hinab den Abhang bis in das Thal hinein, / Neugierig zu erkunden, wie's unten möchte sein. // Mit wen'gen raschen Schritten durchkreuzte er den Wald / Und was er lang schon suchte, hier fand er es gar bald. / Ein Häuschen, klein und niedlich, vor aller Welt versteckt, / da freute sich gar diebisch der brave Architekt."

Höchstwahrscheinlich ist es so gewesen, dass eine „alte, getreue Freundin" von Carl und Aniela Fürstenberg, nämlich Hedwig Pringsheim, Thomas Manns Schwiegermutter, ihnen das Haus vermittelt hatte. In ihrem Tagebuch notierte Hedwig Pringsheim am 17. Juni 1912, dass sie in Berlin Fürstenbergs „wegen Lella's Wohnungsanfrage" aufgesucht habe. Thomas und Katia Mann wohnten seit Oktober 1910 mit ihren vier Kindern in der Mauerkircherstraße 13, nur wenige Gehminuten von der Kolbergerstraße entfernt. Hedwig Pringsheim besuchte ihre Tochter nicht nur regelmäßig zur nachmittäglichen Teestunde, sie unterstützte die gesundheitlich angegriffene Katia, sooft sie konnte, in Haushalts- und Familienangelegenheiten und organisierte während der wiederholten Kuraufenthalte von Katia auch mehr oder weniger den Haushalt ihres Schwiegersohns. Bei Wind und Wetter pflegte die 56-Jährige den Weg von ihrem Haus in der Arcisstraße in den Herzogpark zu Fuß zu gehen oder fuhr mit dem Rad dorthin. Hedwig Pringsheim war eine sehr sportliche Frau, ritt mehrmals wöchentlich, wanderte in den Bergen und unternahm Radtouren durch Europa.

Vor ihrer Heirat mit dem aus einer sehr wohlhabenden, deutsch-jüdischen Familie stammenden und habilitierten Mathematiker, Professor Alfred Pringsheim, war Hedwig, Tochter von Ernst Dohm, Schriftsteller und Chefredakteur der politisch-satirischen Zeitschrift *Kladderadatsch*, und Hedwig Dohm, Schriftstellerin und Frauenrechtlerin, Schauspielerin am Theater gewesen. Als Frau Pringsheim galt sie als ein Stern der Münchner Gesellschaft. Sie verstand sich auf die Kunst der Konversation wie wenige und war unter anderem eng befreundet mit dem streitbaren und berühmten Publizisten Maximilian Harden. Mehrmals jährlich reiste sie allein nach Berlin, um ihre verwitwete Mutter, in der Familie „Mim" oder „Mimchen" genannt, zu besuchen und ihren großen Freundeskreis zu sehen, zu dem auch die Familie Fürstenberg gehörte. Hedwig Pringsheim führte über Jahre regelmäßig Tagebuch und hielt die Tagesereignisse in stichwortartigen, knappen Formulierungen fest. So erfahren wir beispielsweise, dass zu einer Bridgerunde in Berlin, an der sie bei ihren Aufenthalten in Berlin gerne teilnahm, gelegentlich auch Oscar Huldschinsky gehörte. Wir gehen davon aus, dass sie bei ihren Besuchen in der Mauerkircherstraße von dem Landhaus im Herzogpark erfahren hatte und es den Berliner

Freunden vermitteln konnte. Das „Haus Hulle“, wie es bald genannt wurde, gehörte zu einer Villen-Dreiergruppe mit großen Gärten an einer unbefestigten Straße vor einer dichten, hohen Baumkulisse. Immerhin gab es in der damals noch sehr ländlichen Gegend den Kramerladen von Frau Bartl an der Ecke Poschingerstraße/Mauerkircherstraße, wo man das Nötigste für den täglichen Bedarf kaufen konnte.

Laut ihrem Tagebuch hatte Hedwig Pringsheim nach Erhalt der Verlobungsanzeige am 3. Juni zur Hochzeit am 22. Oktober „ein Glückwunschtelegramm an Fürstenbergs“ gesendet und am 3. November in die Kolbergerstraße „Blumen an Lella Huldschinsky mit Karte geschickt“. Zwei Tage später, am 5. November, suchte sie trotz „ziemlicher Kälte“ Lella und Paul auf, um sie persönlich in München willkommen zu heißen. Als ihre erste Besucherin hat sie sich in Pauls und Lellas Gästebuch eingetragen, in winzig kleiner Schrift mit ihrem Namen und Datum am oberen Blattrand der ersten Seite.

Dieses und ein weiteres Gästebuch werden bis heute von der Familie gehütet. Beide dokumentieren das Kommen und Gehen einer großen

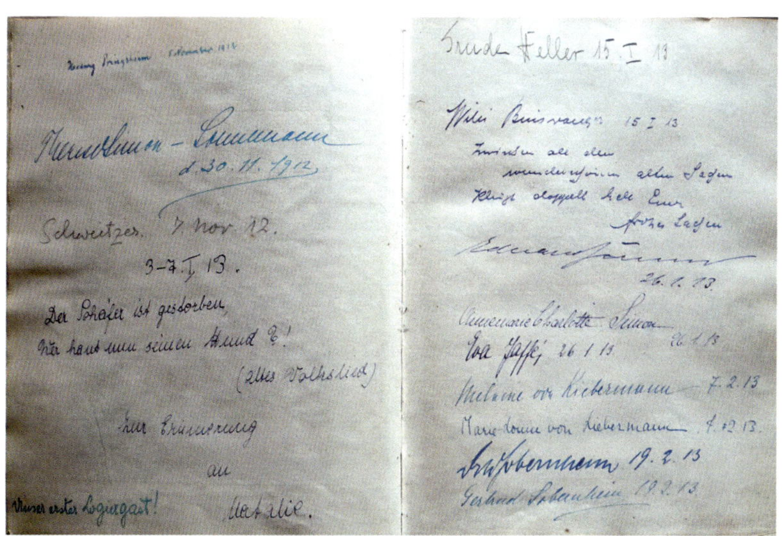

Gästebucheintrag von Hedwig Pringsheim (oben links), 5. November 1912

Gästebuch für Lella und Paul Huldschinsky

und illustren Gästeschar, wozu Persönlichkeiten gehörten, die heute nur wenigen bekannt sein dürften wie die Autorin und Kunstsammlerin Lotte von Mendelssohn-Bartholdy, eine geborene Reichenheim; die Zeichnerin und Buchillustratorin Beatrice Fock; Annemarie Seidel, jüngere Schwester von Ina Seidel, Schauspielerin und spätere Ehefrau von Peter Suhrkamp; die französische Lyrikerin und Malerin Marie Laurencin; die Kunstsammlerin (besonders von Werken des Malers Max Beckmann) und Mäzenin Lilly von Schnitzler; Carl Graf von Klinckowstroem, ehemaliger Mitschüler von Paul Huldschinsky auf dem Gymnasium; die Zeichnerin, Puppenkünstlerin und Schriftstellerin Erna Pinner; die Schriftstellerin und Psychoanalytikerin Lou Andreas-Salomé; die Porträtmalerin Auguste von Zitzewitz-Roemer; der Maler und Illustrator Walter Schnackenberg und viele andere, auf die später noch näher eingegangen wird. Die launigen Texte, Zeichnungen und Gedichte, mit denen sich manche von den Künstlerinnen und Künstlern verewigt haben, machen die Gästebücher zu einem einmaligen Schatz.

Schon bald nach Pauls und Lellas Einzug im Haus Hulle gaben sich Gäste und Besucher im wahrsten Sinne des Wortes die Klinke in die Hand. Alle waren voll des Lobes für den Gastgeber und die Gastgeberin, die gute Küche, die idyllische Lage und die reizende Einrichtung des Hauses.

Pauls jüngste Schwester Lili ist die erste, die vom 17. bis 26. Februar 1913 bei ihnen logierte. Mit einer humorvollen, kolorierten Zeichnung hat sie sich auf einer Doppelseite im Gästebuch verewigt. Paul, Lella und ihre Hunde sind gut zu erkennen. Auch das Haus- und Küchenpersonal ist

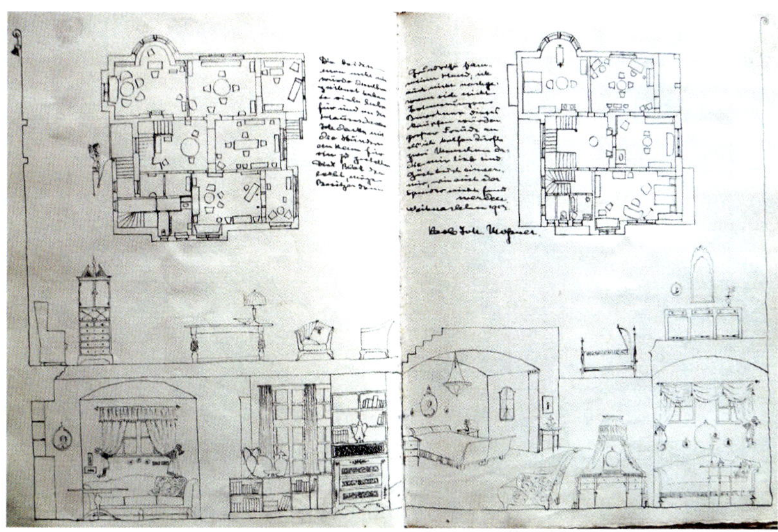

Skizze „Haus Hulle“ mit Eintrag von
Karl Johann Mossner, Architekt, gestaltete zusammen mit
Paul Huldschinsky die Inneneinrichtung, Weihnachten 1913

Zeichnung von Lili Huldschinsky im Gästebuch,
Februar 1913

abgebildet samt Chauffeur, Butler oder wen auch immer die Figur mit dem Pelzmantel darstellen soll. Es scheint jedenfalls genügend Personal gegeben zu haben, um für das Wohl der zahlreichen Gäste zu sorgen.

Lili verdanken wir auch eines der wenigen Fotos von Paul und Lella, aufgenommen am 20. Februar 1913 im Garten der Kolbergerstraße. Paul, elegant im dunklen Anzug, Lella in einem bayerisch anmutenden Lodenkostüm und mit einer warmen Mütze.

Paul und Lella Huldschinsky, 20. Februar 1913

Es sieht nach einem Schnappschuss aus. Ein verliebtes junges Paar. Seit der Hochzeit waren vier Monate vergangen, und Lella war schwanger. Besucher bekamen sie laut Gästebuch in der nächsten Zeit nur noch selten, schließlich gar nicht mehr zu sehen. Paul ging seinem Studium nach und unternahm mit Gästen Ausflüge in die Umgebung, wie zahlreiche Fotos zeigen. Außerdem hielt er sich vom 10. bis 15. April aus unbekannten Gründen im seinerzeit berühmten Sanatorium von Dr. Dapper in Bad Kissingen auf, besuchte die Internationale Baufach-Ausstellung in Leipzig am 14./15. Juni und besichtigte Breslau.

Ungefähr neun Monate nach der Hochzeit brachte Lella Zwillinge zur Welt oder, wie Hedwig Pringsheim am 18. Juli in ihrem Tagebuch notiert, Lella wurde „nachts von Zwillingen überrascht“. Noch am selben Tag hat sie „Blumen an Lella H.“ geschickt. Dreißig Jahre zuvor, am 24. Juli 1883, war Hedwig Pringsheim während eines Sommerfrischeaufenthalts in Feldafing am Starnberger See ebenfalls von Zwillingen „überrascht worden“, wie ihre Tochter Katia in „Meine ungeschriebenen Memoiren“ erzählt: „Meine Mutter erwartete das vierte Kind, und als es dann kam, auch noch zu früh, waren es zwei, mein Zwillingsbruder und, ganz unerwartet, ich. Niemand war da außer der Bauersfrau, und es gab ja kein Telefon.“

Zeichnung von Emil Orlik, 23. Juli 1913

Über die Geburt von Lellas und Pauls Zwillingen wissen wir so gut wie nichts. Es gibt einen knappen Vermerk von Pauls Schwester im Gästebuch: „Susanne Wehmutter sehr tätig vom 17.–19. Juli 1913“. War eine Hebamme anwesend, wurde ein Arzt dazu gerufen? Weil man nicht mit Zwillingen gerechnet hatte, soll es zu schweren und langanhaltenden Blutungen gekommen sein und möglicherweise auch zu inneren organischen Schädigungen. Die Eintragungen im Gästebuch künden nur von der Freude über die zwei gesunden, kräftigen Mädelchen, und man gratuliert dem frisch gebackenen jungen Vater.

Zeichnung von „Gussy"/ Auguste Rosalie Helene von Zitzewitz-Roemer, 18. Juli 1913

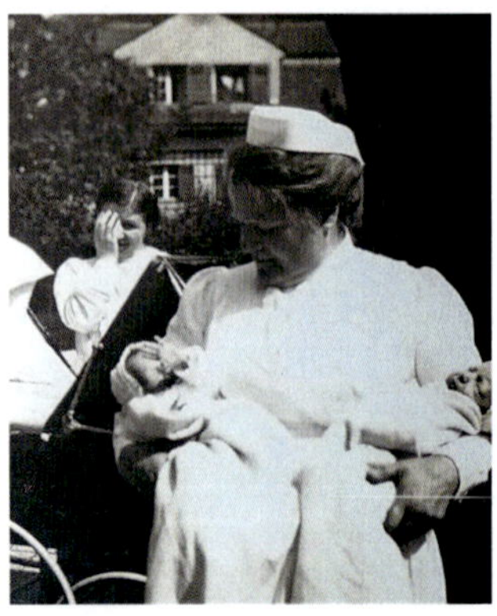

Johanna „Storsi" Storsberg mit Pauls und Lellas Zwillingen, 1913

Was die vermutlich völlig unvorbereitete Lella hinter verschlossenen Türen durchmachen musste, darüber drang nichts nach außen, denn Schwangerschaft und Geburt waren ein Tabuthema. Als Hedwig Pringsheim am 20. Juli von Lellas Mutter hört, dass es „Lella nicht gut ginge", ist sie unverzüglich in den Herzogpark gefahren. Dort habe sie „Hulle gesprochen: es sei nicht schlimm". Unbedarft und vermutlich ahnungslos hat er Hedwig Pringsheim diese unbekümmert klingende Auskunft gegeben. Mit schlechten Nachrichten behelligte man andere möglichst nicht.

Während sich um Lella in der oberen Etage eine Krankenschwester und ihre frühere Kinderfrau Luise kümmerten, versorgten eine Säuglingsschwester und die Kinderfrau Johanna Storsberg die Zwillinge. Für alle anderen ging das Leben im Haus Hulle offensichtlich munter weiter. Jedenfalls dokumentieren Fotos Tagesausflüge nach Landshut, Dachau, Andechs, Kufstein, an den Ammersee und Walchensee. Die sich prächtig entwickelnden Zwillinge wurden von den Besuchern gebührend bewundert. Lella wünschte man im Gästebuch, dass sie doch sehr bald wieder zu Kräften kommen möge.

Am 30. September, zweieinhalb Monate nach der Geburt der Zwillinge, hat Hedwig Pringsheim „Lella H. am Arm ihrer Pflegerin getroffen, noch sehr leidend und mit Katia ihre Zwillinge besichtigt". Am 15. Oktober 1913 wurden die Zwillinge auf die Namen

Marie-Anne und Anne-Marie von Pfarrer Glungler in der Evangelisch-Lutherischen Pfarrkirche St. Johannes getauft. Lella konnte nicht daran teilnehmen.

Lella Huldschinsky mit den Zwillingen, 15. April 1914

Auch im folgenden Jahr hat sich Lellas Zustand kaum verbessert. Im Haus wird Fasching gefeiert, vermutlich ohne sie. Auch bei einem großen Souper im Hause Pringsheim im Februar 1914 ist nur Paul anwesend, da Hedwig Pringsheim im Tagebuch „Huldschinsky“ notiert und nicht „Huldschinskys“ wie an anderer Stelle. Weiter heißt es: „wurde flott getanzt, auch ‚Tango‘, in dem Eva B. mit Hulle excellirte“. Am 2. April 1914 macht sie einen „Besuch bei der immer noch leidenden Lella“. Eines der ersten Fotos von Lella mit den Zwillingen, aufgenommen im Garten der Kolbergerstraße, ist mit 15. April 1914 datiert. Am 22. August 1914 notiert Hedwig Pringsheim: „Besuch bei Lella, der es nun besser geht“.

※

Am 1. August 1914 erklärte das Deutsche Reich dem russischen Zarenreich den Krieg. Ob sich Paul Huldschinsky freiwillig zum Militärdienst gemeldet hat, wissen wir nicht, jedoch, dass er am 3. August in Trier zur Stelle war, wo er seinem Regiment zugeteilt wurde. Bis Mai 1915 war er in Flandern und Belgien stationiert. Fotos in diesem Zeitraum zeigen ihn hauptsächlich beim Zureiten und Trainieren von Pferden. Einmal lässt

Paul Huldschinsky beim Hindernissprung, 1915

Originalzeichnung mit handschriftlicher Widmung für Lella, 1915

er sich in einer Art Schützengraben fotografieren. Man sieht ihn in geselliger Runde von Kameraden, als Torwart beim Fußball in Mechelen und in Uniform posierend.

1915 bildet die Monatsschrift *Wieland*, deren Herausgeber der Architekt und Gestalter Bruno Paul war, auf der Titelseite Paul Huldschinskys Selbstporträt mit Monokel ab. Die Originalzeichnung hing gerahmt in seiner Ankleide in der Kolbergerstraße.

Wann, wo, wie lang und wozu Paul Huldschinsky als Leutnant der Reserve im 7. Jägerregiment zu Pferde in den folgenden Jahren eingesetzt war, ist nicht schlüssig nachzuvollziehen. Den vorliegenden Unterlagen der Technischen Hochschule München ist zu entnehmen, dass er nicht für das Wintersemester 1914/15, jedoch für die Wintersemester 1915/16 und 1916/17 eingeschrieben war, und dass er zu der Zeit noch im aktiven Heeresdienst gestanden sei. Des Weiteren wird ihm in einem Zeugnis vom 15. Januar 1917 bescheinigt, die Diplom-Vorprüfung für Architekten mit „Gut" bestanden zu haben.

Nach einem Besuch bei Lella am 7. Mai 1915 rätselte Hedwig Pringsheim: „Hulle aus dem Feld in Urlaub daheim (ob mit Forunkel [sic] oder Streifschuß wurde diskret verschleiert)." Am 18. Juli 1915 feiern sie in „Haus Grüneck" am Tegernsee den zweiten Geburtstag der Zwillinge und im August Pauls 26. Geburtstag, wozu Oscar Huldschinsky aus Berlin angereist kam. Es entstand das einzige erhaltene Foto von Vater und Sohn.

Neben Paul, der in kurzer Lederhose mit Filzhut und Stock, Pfeife im Mundwinkel die breit gespreizten Beine reichlich provokant von sich streckt, wirkt der 70-jährige Oscar Huldschinsky schmal und in seinem schwarzen Anzug mit Hut offiziell. Obwohl die beiden Männer sehr nahe beieinandersitzen, meint man, die Distanz zwischen ihnen förmlich zu spüren.

Haus Grüneck in Kreuth am Tegernsee

Paul und Oscar Huldschinsky vor Haus Grüneck, 1915

War der von Hedwig Pringsheim Anfang Mai 1915 erwähnte Heimaturlaub verlängert worden? Im Oktober 1915 schreibt Freund Wilhelm Speyer ins Gästebuch: „Dem in die Menschlichkeit zurückgekehrten Soldaten Hulle

Paul Huldschinsky mit den Zwillingen, Weihnachten 1915

gewidmet", und zu Weihnachten 1915 lässt sich Paul Huldschinsky in Uniform mit seinen kleinen Töchtern fotografieren.
Im Dezember 1915 erfährt der Architekturstudent Paul Huldschinsky eine öffentliche Anerkennung. Die kunstgewerbliche Zeitschrift *Innendekoration* widmete ihr Dezemberheft der Inneneinrichtung von „Haus Hulle in München" und den beiden Architekten (!) Paul Huldschinsky und Karl Johann Mossner. Hervorgehoben wird in der reich bebilderten Dokumentation, dass es sich hier um die Gestaltung eines Hauses gehandelt habe, dessen Räumlichkeiten vorgegeben waren und in dem „es galt, moderne Arbeiten mit den Erzeugnissen einer alten Gewerbekunst so zusammenzustimmen, dass diese ihren Zauber hergeben, ohne antiquarisch zu wirken; die Einheit des Raumes zu gewinnen nicht durch die berechnete Einheitlichkeit eines Gesamtentwurfes, sondern durch das verbindende Medium einer Gesamtstimmung".

Im November 1915 hatte Carl Fürstenberg das bis dahin von Oscar Huldschinsky gepachtete Haus Grüneck dem Herzog abgekauft und von dem Berliner Architekten Wilhelm Goehre zu einem komfortablen Landhaus umbauen lassen. Lellas Bruder Hans schreibt in seinen Lebenserinnerungen, „der ungemein geschmacksichere Paul Huldschinsky" habe es dann mit antiken Möbeln „wie ein altes Jagdschloß gut und gemütlich" eingerichtet. Fünf Jahre später widmete *Inneneinrichtung* unter dem Titel „Ein Landhaus in Oberbayern" sein Märzheft 1920 dem Haus Grüneck und sprach dem Innenarchitekt Paul Huldschinsky seine Anerkennung aus. Er habe zum Glück alles, was an einen „bajuvarischen Bauern-Landhausstil" erinnere, vermieden. Stattdessen habe er in allen Räumen eine heitere Atmosphäre „ländlichen Rokokos" geschaffen und geschickt „alte und neue Sachen, farbenfrohe moderne Tapeten und Wandstoffe, behagliche, alte Kachelöfen, lustige Kreuzstichteppiche zu einem ländlichen Reigen gemischt, der durch die starke ausdrucksvolle Farbe allein zusammengehalten wird".

1916 scheint der Reserveleutnant Paul Huldschinsky immer noch beurlaubt gewesen zu sein. An der Westfront war es sehr bald zum Stellungs- und schließlich zum Grabenkrieg gekommen. Die Kavallerie spielte in der zunehmenden Materialschlacht immer weniger eine Rolle. Fotos aus dieser Zeit zeigen Paul Huldschinsky in Uniform und in Zivil zu Pferd auf verschiedenen Reitbahnen im Raum München, zu Besuch mit den Zwillingen bei Olaf Gulbransson und seiner Frau Grete in München-Schwabing im sogenannten Kefernest und mit Freunden am Starnberger See.

Den norwegischen Maler und Zeichner der Satirezeitschrift *Simplicissimus*, der sich privat vorzugsweise mit Lendenschurz bekleidet inszenierte, und seine Frau Grete verband mit Paul Huldschinsky eine enge Freundschaft. Mit seinen charakteristisch minimalistischen Zeichnungen hat sich Olaf Gulbransson vielfach im Gästebuch von Paul und Lella Huldschinsky verewigt, und in Grete Gulbranssons Tagebuch „Meine fremde Welt" finden sich mehrere Einträge zu gemeinsamen Theater-, Ausstellungs- und Restaurantbesuchen. Zu Pauls engem Freundeskreis gehörte auch der Schriftsteller Bruno Frank. Er war aus gesundheitlichen Gründen im Dezember 1914 aus dem Kriegsdienst entlassen worden und hatte ein

Paul Huldschinsky mit Wilhelm Speyer in Feldafing, um 1916

Die Zwillinge zu Besuch bei Olaf Gulbransson, Juli 1916

Paul Huldschinsky mit Grete und Olaf Gulbransson und Bruno Frank am Starnberger See, Juli 1916

idyllisches Refugium in Feldafing am Starnberger See gefunden, wo auch Pauls und Brunos gemeinsamer Jugendfreund, der Schriftsteller Wilhelm Speyer, zeitweise lebte und arbeitete.

Im Sommer treffen sich die Freunde zum Schwimmen und Sonnenbaden am Starnberger See, was Grete Gulbransson in einem Tagebucheintrag vom 23. Juni 1916 sehr amüsant beschrieben hat: „Der Hulle legt sich ungeniert nackt in die Sonne auf die breite flache Treppe – ich wage es zwar nicht, ihn anzusehen, aber ich weiss, dass er wie eine Figur aus Gold u. Elfenbein aussieht. Der Franki hingegen ist schwarz behaart. Der Olaf reine Bronze. So sind meine Freunde in der Sonne." Aus Gründen des Anstands, fährt Grete fort, hätte sie ihnen den Rücken zugekehrt und „in die blaue Luft hinaus" geredet.

Im Kriegsjahr 1916 verschlechterte sich die allgemeine Versorgungslage, aber im „Haus Hulle“ konnten Gäste anscheinend immer noch ausreichend verköstigt werden. Jedenfalls riss der Besucherstrom nicht ab. Häufige Gäste waren Oscar Huldschinsky und Carl Fürstenberg, Susanne und Otto sowie Peter Reichenheim, Lili mit Ehemann Ralph von Klemperer, Lellas jüngere Schwester Natalie und ihre Halbschwester Hedwig mit ihrem Ehemann Alfons Jaffé, Hermine Feist, berühmte Porzellansammlerin und enge Freundin von Hedwig Pringsheim, Marie-Anne/Baby, in dritter Ehe verheiratet mit Rudolph von Goldschmidt-Rothschild, und die Künstlerfreunde Emil Orlik, Rudolf Großmann, Olaf Gulbransson, Rolf von Hoerschelmann, Bruno Frank, Lotte Pritzel und auch Helen Hessel, um nur die bekanntesten zu nennen.

Auch Rainer Maria Rilke und seine Frau Clara besuchten das „Haus Hulle“, und es scheint ihnen gefallen zu haben, wie Rilkes launigem Eintrag zu entnehmen ist.

Paul Huldschinsky mit Olaf Gulbransson und unbekanntem Dritten am Starnberger See

Clara Rilke
am 13. Okt. 1916

Rainer Maria Rilke
(13 Okt 1916)

Gästebuch-Eintrag von Clara und Rainer Maria Rilke, 13. Oktober 1916

※

Vermutlich nachträglich und chronologisch nicht stimmig hat Paul Huldschinsky seine Einsätze während der Kriegsjahre auf zwei losen Blattseiten, die sich im Nachlass fanden, aufgelistet. Demnach und Fotos zufolge wäre er 1917 und 1918 wieder im Kriegseinsatz gewesen, und zwar in Koblenz, Bad Wimpfen, auf dem Truppenübungsplatz Elsenborn in Belgien,

Gästebuch-Zeichnung von Rudolf Großmann, 1916

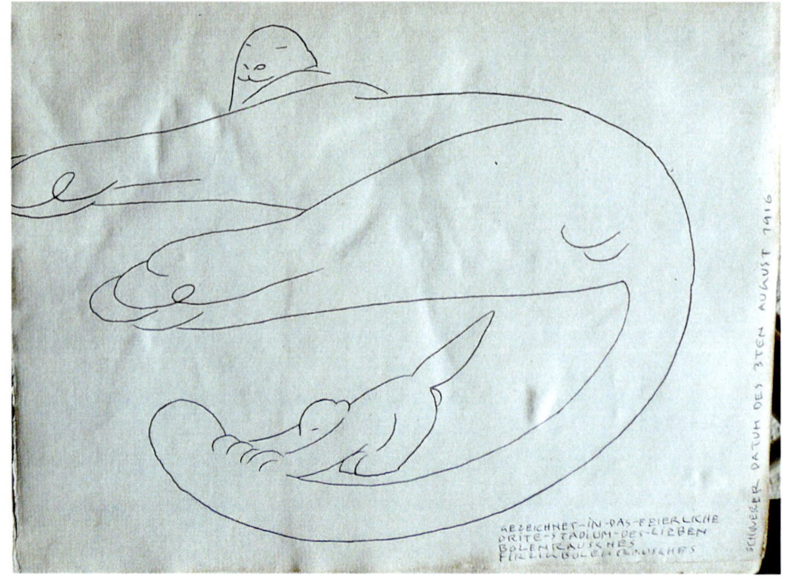

Gästebuch-Zeichnung von Olaf Gulbransson, 1916

Rolf von Hoerschelmann,
Porträtzeichnung von Paul Huldschinsky, 1922

Bruno Frank,
Porträtzeichnung von Paul Huldschinsky, 1922

Gästebuch-Zeichnung von Lotte Pritzel, o. J.

Gästebuch-Illustration von Helen Hessel, 1916

in Falkenberg/Lothringen, Straßburg, Zabern/Elsass, Saarburg und Trier, Saargemünd/Frankreich, Klein-Bittersdorf/Lothringen und Bayonville bei Metz. Nähere Angaben, wozu er dorthin abkommandiert war, fehlen. Möglicherweise tat er zeitweise Dienst als Quartiermeister, da ihn ein Foto auf dem Kutschbock eines Transportwagens zeigt.

Aus dieser Liste geht auch hervor, dass Lella mit den Zwillingen die meiste Zeit von Ende August 1914 bis Ende März 1915 bei ihren Eltern im Grunewald verbracht hat. Ihre Mutter war damals bereits schwer erkrankt und starb im Juni 1915. Weihnachten 1915 und 1916 und die Geburtstage scheinen Paul und Lella mit den Zwillingen in der Kolbergerstraße oder am Tegernsee gefeiert zu haben. Ihr Freund Rolf von Hoerschelmann, von dem noch die Rede sein wird, berichtet in einem undatierten Brief dem Schriftsteller Siegfried von Vegesack: „Ich war die letzten Wochen kaum in München – immer wieder in Kreuth – wo es so schön sein könnte, wenn nicht die Hoffnung auf Genesung der Frau immer wieder enttäuscht würde! Es ist eine der grausamsten Geschichten, die ich kenne, wie dieses Paar, das durch die Natur und die äußeren Umstände zum glücklichsten der Welt geschaffen schien, des Lebens nicht froh werden kann. Der arme Huldschinsky weiß wirklich nicht mehr, was er anfangen soll, so ratlos steht er vor der Zukunft."

Kein einziger Brief von Paul und Lella fand sich in seinem Nachlass, lediglich zwei Zeichnungen von Paul, eine zu ihrem Hochzeitstag am 22. Oktober 1917, überschrieben mit „Anbetung", und die andere zu Lellas Geburtstag am 19. April 1918, überschrieben mit „Sehnsucht".

Zeichnung „Anbetung" von Paul Huldschinsky, 22. Oktober 1917

Am 16. April 1918 verließ Lella mit den Zwillingen und ihrer früheren Kinderfrau Luise das Haus in München. Die Zeichnungen hat sie offensichtlich nicht mitgenommen.

Am 11. November 1918 endete der Erste Weltkrieg

mit der Unterzeichnung des Waffenstillstands. Fotos, datiert mit 22. Oktober bis 8. Dezember 1918, zeigen Paul Huldschinsky in einem Lazarett für Offiziere in Bad Wildungen. Was der Grund für diesen langen Aufenthalt gewesen sein könnte, wissen wir nicht. Äußere Verletzungen sind auf den Fotos nicht zu erkennen.

Ein – leider sehr unscharfes und dunkles – Foto vom „Haus Hulle“ im Anschluss an die Fotos von der Hochzeitsreise hat Paul Huldschinsky vermutlich nachträglich mit einem Rotstift auffällig umrahmt und dazu geschrieben: „Vom 3. Nov. 1912 – 16. April 18. München, Kolbergerstr. 22“.

Das Gästebuch schließt mit einer von ihm gezeichneten Cartouche zum Auszug aus der Kolbergerstraße am 16. April 1918.

Cartouche von Paul Huldschinsky im Gästebuch, 16. April 1918

Aus den zwei Jahren in München, wie es geheißen hatte, waren fünfeinhalb geworden, aber es sind wohl keine glücklichen Jahre gewesen. Auf dem Standesamt hatte Lella „Studentin der Philosophie“ eintragen lassen. War sie davon ausgegangen, zwei gemeinsame unbeschwerte Studienjahre mit Paul in München verbringen zu können? Unmittelbar nach der Hochzeit schwanger zu werden, hatte sie vielleicht nicht erwartet, und erst recht nicht eine derart schwere Geburt, die ihr junges Leben völlig veränderte. Während Paul sein Leben unbeeinträchtigt weiterleben, studieren und reisen konnte, könnte sie sich mit ihren Problemen allein gelassen gefühlt und zunehmend von ihm distanziert haben. Als ihre gesundheitliche Verfassung sich nicht wesentlich verbesserte, sie ihr Leben als verpfuscht empfand, wuchsen in ihr Erbitterung und Feindseligkeit gegenüber Paul, worunter auch ihre Töchter sehr zu leiden hatten.

In Berlin bezog Lella nicht mit ihnen gemeinsam eine Wohnung. Wie Jannie schreibt, lebten sie und Annemie ab ihrem fünften Lebensjahr im Haus des Großvaters Fürstenberg und ihre Mutter „wohnte in einem eigenen schönen Haus, nicht weit entfernt. Sie war immer krank, und wir durften sie nur einmal in der Woche besuchen, um dann ein Stündchen an ihrem Bett zu sitzen und meistens nur Vorwürfe zu hören."

Jannie und Annemie wurden „bei ihrem Großvater Fürstenberg von Gouvernanten erzogen. Meist ältere Damen, die es schwer mit uns hatten und keine Liebe geben konnten. Wir lernten Sprachen, Französisch und Englisch, und meisterhaft lügen, denn letztendlich war alles verboten und man konnte das, was man selbst wollte, nur im geheimen zuwege bringen. Großvater hatte ein großes altmodisches Haus im Grunewald bei Berlin mit einem riesigen Garten, einer Art Park, an einem kleinen See. Ein Haus voller Dienstboten, von denen nur der Gärtner unser Freund war. Großvater mochte uns, war aber sehr alt und an Kinder nicht mehr gewöhnt." Die Zwillinge besuchten das Bismarck-Lyzeum, eine Privatschule für Mädchen. „Auf diese Schule gingen viele jüdische Kinder und auch Mädchen aus stark linksgerichteten Kreisen", schreibt Jannie. „In unserem Abschlussjahr waren wir in Neubeuern, auf einer Jungenschule in

Die Zwillinge Annemie und Jannie Huldschinsky in Berlin, 1919
(rechts im Bild)

Bayern, achtzehn Jahre alt und die einzigen Mädchen in der Klasse. [...] Auf dieser Schule waren beinahe 130 Jungen aus allen Teilen Deutschlands, auch Österreicher. Viele von ihnen stammten aus adligen Familien." Da Neubeuern eine Internatsschule war, waren Jannie und Annemie auf dem Gutshof der Gräfin Degenfeld einquartiert. Im Sommer gingen sie die vier Kilometer zur Schule entweder zu Fuß oder fuhren mit dem Rad und im Winter mit Skiern. Als Kinder hätten sie sich das ganze Jahr auf die Sommerferien gefreut, die sie in Haus Grüneck am Tegernsee verbringen durften, wo sie bei der Heuernte halfen, die Kühe und Ziegen hüteten, immer barfuß liefen und mit dem Gutsaufseher Bergtouren machten, kurzum eine Freiheit genossen, die sie in Berlin nie hatten.

Lella hatte Jannie und Annemie jeglichen Kontakt mit Paul verboten. Aber Jannie liebte ihren Vater sehr, und im Teenageralter schwärmte sie geradezu für ihn. Er sei „zum Bersten voller Vitalität, strahlend vor Wärme gewesen. Er war jung, nur zweiundzwanzig [sic] Jahre älter als ich, groß, kräftig, mit langen Beinen, prächtigen Händen und einem großen Kopf; breite Stirn, tiefliegende Augen und einer Mähne blonden Haars, von dem er selbst behauptete, dass es grün sei. Er wusste alles vom Leben, über Kunst, Gedichte, Bücher und Länder. Er kannte jeden und fühlte sich überall zuhause und wohl, war verwegen mutig, absolut unbürgerlich und sehr sportlich. Mein Vater hatte viel Mitgefühl für Menschen und Tiere und liebte sie. Er konnte lachen, aber auch weinen, manchmal schluchzte er bei traurigen Filmen auf. Niemand konnte sich seinem Charme und seiner Autorität entziehen, jeder mochte ihn. Mit ihm auf Reisen zu gehen, war atemberaubend. Er kannte überall die schönsten Stellen und Sehenswürdigkeiten in jeder Stadt, auf jedem Gebiet, ob es sich nun um Gemälde, Möbel, Häuser, Plätze, Geschäfte, Gärten oder Restaurants handelte. Er kannte auch die spannendsten Leute, ob arm oder reich."

Im Alter von fünfzehn Jahren hat sie sich ab und an über das Kontaktverbot ihrer Mutter hinweggesetzt: „Das Zusammensein mit meinem Vater hatte damals noch heimlich zu geschehen. [...] Einmal, als unsere Klasse eine Reise in den Harz machte, bin ich zuhause mit Rucksack und Bergschuhen aufgebrochen, um ein paar Straßen weiter bei ihm diese Zeit zu verbringen. Fünf Tage später kam ich im selben Aufzug, ein bisschen blasser als die anderen, wieder nach Hause zurück."

So traurig es ist, aber in wirklich guter Erinnerung scheint Aniela/Lella Huldschinsky niemand behalten zu haben. Selbst ein flüchtiger Bekannter wie Harry Graf Kessler fällte nach einer einmaligen Begegnung am 25. November 1922 ein wenig schmeichelhaftes Urteil über die damals 31-Jährige. Er beschrieb sie als „eine etwas unangenehme, gehirnstolze Frau, die unwahrscheinlich große und schöne Perlen trug".

※

Nach Lellas Auszug mit den Kindern im April 1918 kümmerte sich Paul Huldschinsky um die Räumung in der Kolbergerstraße. Der neue Eigentümer, der das Haus am 28. Januar 1918 für 145 000 Mark erworben hatte, scheint ihm Zeit gelassen zu haben. Was mit der Einrichtung geschah, ob Teile davon für Lella nach Berlin umgezogen wurden, ein Teil ins Haus Grüneck kam oder irgendwo eingelagert wurde, ist nicht bekannt.

Paul Huldschinsky zieht in München zunächst ins Grand Hotel Continental an der Max-Joseph-Straße und anschließend ins Regina-Palast-Hotel am Maximiliansplatz. Ansonsten ist er, wenn man den beschrifteten und datierten, leider nicht chronologisch eingeklebten Fotos glauben darf, unterwegs. Überall steigt er in den besten Hotels ab, in Salzburg und Berlin im Hotel Bristol, in Wien im Hotel Sacher, in Hamburg in Streit's Hotel, in Paris im Hotel Majestic und Hotel Mirabeau. Er ist zu Gast bei Paul Graf Yorck auf Schloss Klein Öls bei Breslau, bei Paul von Mendelssohn-Bartholdy auf Schloss Börnicke in Bernau bei Berlin, bei Otto von Mendelssohn Bartholdy auf Schloss Niederaichbach bei Landshut. Mit den Abkömmlingen der weit verzweigten Familie Mendelssohn Bartholdy waren Paul und seine Schwestern seit ihrer Jugend bekannt und befreundet, und sein Schwiegervater, Carl Fürstenberg, pflegte, wie es heißt, fast täglich mit Robert von Mendelssohn im Weinrestaurant Hupka zu frühstücken.

In Dresden besuchte er seine jüngste Schwester Lili in ihrem neuen Heim. Sie hatte im Dezember 1913 Ralph Leopold von Klemperer geheiratet, nachdem auch sie um die Einwilligung von Oscar Huldschinsky hatte kämpfen müssen. Während des Krieges hatten sie und Ralph, der ins Kriegsministerium von Wien berufen worden war, mit ihren beiden kleinen Söhnen das Erdgeschoss in einem Flügel des Palais Schwarzenberg bewohnt. Wie ihr Sohn, Friedrich Oskar von Klemperer, in seinen Erinnerungen schreibt, standen ihnen auf dieser Etage 34 Zimmer zur Verfügung, für die seine Eltern nur eine lächerliche Miete zahlen mussten. Natürlich hätten sie nur wenige Räume davon bewohnt, da sie zu heizen während des Krieges unmöglich war. Nach Kriegsende war die Familie von Klemperer nach Dresden übergesiedelt.

Paul Huldschinsky wirkt rastlos, selten hält er sich irgendwo länger auf als zwei oder drei Tage. Regelmäßig zieht es ihn nach München. Grete Gulbransson erzählt in ihrem Tagebuch, dass er manchmal völlig unerwartet bei ihnen in der Keferstraße aufgetaucht sei, ihr Bücher gebracht, ein Glas Wein hinuntergestürzt habe und schon wieder weg gewesen sei. Während einer Theateraufführung habe es passieren können, dass er unvermittelt aufgestanden sei und sie mit Bruno Frank allein dort habe sitzen lassen, und bei gemeinsamen Restaurantbesuchen sei er manchmal mittendrin aufgesprungen, habe telefoniert und sich entschuldigt, er müsse gehen und noch jemanden treffen.

In Paul Huldschinskys Nachlass fanden sich grafische Arbeiten, die er während jener Aufenthalte in München gefertigt haben muss. Es handelt sich dabei um illustrierte Ankündigungen zu Veranstaltungen im Regina-Club, zu Ausstellungen in der Galerie Caspari von Figurinen und Puppen der Künstlerin Lotte Pritzel, zu einem ersten Auftritt der Schauspielerin und Tänzerin Niddy Impekoven, zu einer Lesung von Christian-Morgenstern-Gedichten mit der Schauspielerin Resi Langer und einer ersten Aufführung der Nestroy-Posse „Revolution in Krähwinkel" mit Hermine Körner im neu eröffneten Theater in der Barerstraße 7. Großzügig wie Paul Huldschinsky in jeder Hinsicht gewesen sein soll, waren es wohl oft Gefälligkeitsarbeiten für gute Bekannte und Freunde wie auch zwei von ihm entworfene und signierte Titelillustrationen zu Guy de Maupassants Novellenband „Das große Paris" und Frank Wedekinds „Mine-Haha oder Über die körperliche Erziehung der jungen Mädchen" für den 1919 gegründeten Musarion-Verlag in München.

Zwischen Zeitungsausschnitten, die Paul Huldschinsky in einer Mappe gesammelt hatte, fand sich auch eine Reklameanzeige der seinerzeit führenden deutschen Zigarettenmarke „Manoli". Paul Huldschinsky, der in den Kriegsjahren ein passionierter Zigarettenraucher geworden war, hatte

Reklame für die Zigarettenmarke „Manoli" mit Paul Huldschinsky

offensichtlich dafür Modell gesessen. In Berlin war der Name „Manoli" zum Schlagwort geworden, seitdem auf einem Gebäude am Alexanderplatz das sogenannte „Manoli"-Rad mit aufleuchtenden Glühbirnen eine Kreisbewegung fingierte. In Berlin sagte man damals nicht mehr „Bist du meschugge?", sondern „Du bist wohl manoli!". Damit war gemeint: „Du bist wohl durchgedreht." Kurt Tucholsky machte darüber ein Gedicht, der Komponist Rudolf Nelson entwickelte aus diesem wiederum seine Revue „Total manoli!" und Joachim Ringelnatz verwandte den Begriff in seinem Roman „liner Roma".

※

Am ehesten zur Ruhe kam der rastlose Paul Huldschinskys wohl in Haus Grüneck am Tegernsee. Wie aus einem Brief an den in Tutzing am Starnberger See lebenden Kunsthistoriker und *Merkur*-Redakteur Wilhelm Hausenstein hervorgeht, verbrachte Huldschinsky zumindest den ganzen November 1919, wenn nicht länger, im tief verschneiten Kreuth. Er rühre sich nicht fort, schreibt er an Hausenstein, und lädt ihn ein, falls dieser mal verschnaufen wolle. Er würde sich „riesig freuen", ihn einmal bei sich zu haben.

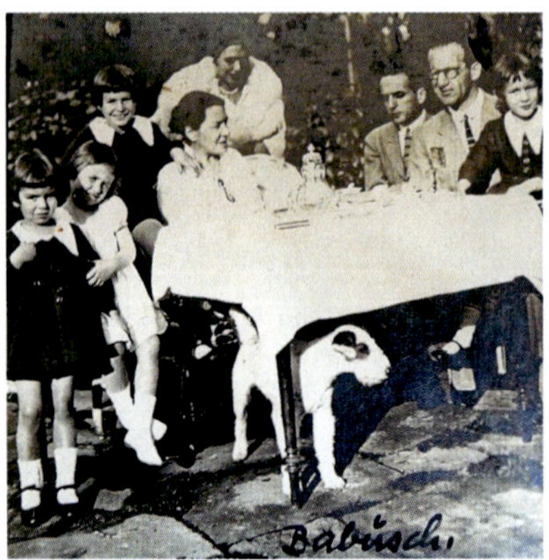

Paul Huldschinsky bei Max und Nini Wiedmann in Rottach-Egern, um 1920

Von Kreuth aus besucht er häufig Max und Marianne Wiedmann, die in Rottach-Egern mit ihren drei Kindern die Villa

Iswolski, das ehemalige Anwesen des russischen Diplomaten und Außenministers Alexander Petrowitsch Iswolski (heute: Kißlingerstraße 1) bewohnten.

Max Wiedmann und seine Frau, genannt Nini, führten ein offenes Haus. Ihre großzügige Gastfreundschaft wusste auch Rolf von Hoerschelmann sehr zu genießen, wie er einmal Siegfried von Vegesack wissen ließ: „Ich lebte diese Tage auch bei Wiedmann, der die Villa Wolsky in Tegernsee bewohnt und liess mir nach langen Jahren wieder mal das feudale Leben in einem grössten Styles geführten Hause gefallen." Auch dort gab es seit Ostern 1919 ein Gästebuch, in dem sich Paul Huldschinsky mit vielen Porträtzeichnungen verewigt hat und Rolf von Hoerschelmann mit Illustrationen zu den Festen und Feierlichkeiten wie die Taufe von Eleonore Charlotte Wiedmann, genannt Lorilott, mit Pauls Patenschaft.

Taufe von Lorilott, Zeichnung von Rolf von Hoerschelmann und Paul Huldschinsky im Gästebuch 2, 1920

Zur Familie Wiedmann gehörten außer der am 27. März 1920 geborenen Lorilott drei Söhne: Ernst (geb. 1912), genannt Ernstl; Egon Hans Eric (geb. 1915), genannt Pete oder Piet, und Andrej Camillo (geb. 1917), genannt Anderl. Maximilian Wilhelm Kurt Wiedmann (geb. 1879) stammte aus dem fränkischen Ansbach. Er war vielleicht nicht wie Paul Huldschinsky mit einem goldenen Löffel im Mund geboren worden, aber auch er kam aus einer wohlhabenden Familie. Max ließ es sich gerne gutgehen, lebte am liebsten auf großem Fuße und war ein Finanzjongleur. Bevor er im Alter von 31 Jahren in zweiter Ehe Marianne Friederike Auspitzer, geboren am 12. November 1888 in Berlin, geheiratet hatte, war er wegen verschiedener Skandale nach Amerika ausgewandert. Dort hatte er einen Neuanfang versucht, war jedoch bald zurückgekehrt, allerdings nicht als Millionär, sondern bettelarm. Seiner Tochter Nini zuliebe hatte Julius Auspitzer ihm geholfen, wieder auf die Füße zu kommen. Der ehemalige Bankdirektor, gebürtiger Wiener jüdischer Herkunft und seit 1900 serbischer Generalkonsul, hatte 1913 mit dem Ingenieur Karl Rapp die Münchner Rapp Motorenwerke GmbH, spätere BMW GmbH, gegründet und ein Jahr später seine Geschäftsanteile seinen beiden Schwiegersöhnen, Max Wiedmann und Erich Laeisz, übergeben. Es wird vermutet, dass Auspitzers Rückzug im Zusammenhang mit einem gegen ihn geführten Prozess wegen Beteiligung an Bilanzfälschung (der Firma Buxmann) stand. Nachdem sich Erich Laeisz 1916 als Investor aus dem Unternehmen zurückgezogen hatte, agierte Max Wiedmann zunächst als Geschäftsführer und bestimmte schließlich als größter Anteilseigner der BMW GmbH und Generaldirektor das Unternehmen.

Max Wiedmann, Porträtzeichnung von Paul Huldschinsky im Gästebuch 2, 1922

Zwei Jahre später war die BMW GmbH von Verstaatlichung und Konkurs bedroht. Die Umwandlung in eine Aktiengesellschaft infolge staatlichen Drucks und auf Betreiben der Gläubiger löste kurzfristig die Finanzprobleme. Wiedmann wurde die Hauptschuld an der desolaten Finanzlage des Unternehmens gegeben und zum Rücktritt gezwungen. Er erhielt als Kaufpreis für seine Anteile an der BMW GmbH zwei Millionen Mark und zudem weitere 1,5 Millionen Mark Entschädigung.

Max Wiedmanns nächstes spekulatives Experiment war die Gründung des bereits erwähnten Musarion-Verlags in der Königinstraße 15 in München zusammen mit dem Schriftsteller Johannes von Guenther. Mit einigen hunderttausend (Inflations-)Mark stellte Wiedmann den Verlag auf die Beine. Neben Büchern über Philosophie und einem breit gefächerten internationalen Literaturprogramm war das ehrgeizigste Projekt eine von Elisabeth Förster-Nietzsche betreute Nietzsche-Gesamtausgabe. Soweit bekannt, verließ Max Wiedmann nach wiederholten Pfändungen und wachsenden finanziellen Schwierigkeiten 1922 den Verlag.

Anscheinend war ihm genügend Geld geblieben, anschließend das Patentrecht für eine sogenannte Scheckkasse erwerben zu können. Diese sollte mittels eines komplizierten mechanischen Verfahrens die Ausstellung ungedeckter Schecks verhindern. Nachdem jedoch alle seine Versuche, Interessenten dafür zu finden, erfolglos geblieben waren, musste er den Besitz am Tegernsee aufgeben. Zuletzt lebte Max Wiedmann mehr oder weniger von der Hand in den Mund, hatte keine eigene Wohnung und war darauf angewiesen, bei Freunden bzw. Familienangehörigen unterzukommen.

※

Ab August/September 1920 hält sich Paul Huldschinsky häufig in Hamburg auf, wo er Gast im Haus von Erich Ferdinand und Franziska Laeisz ist.

Auf der Hochzeit von Max Wiedmann und Marianne Auspitzer am 4. Dezember 1911 hatte Erich Laeisz sich in Ninis ältere Schwester Franziska verliebt und sie 1915 nach der Scheidung von seiner ersten Frau geheiratet. Am 9. Oktober 1916 war ihre Tochter Sophie Christine, genannt Crici, geboren worden. Nachdem sein Bruder Herbert 1917 gefallen war, hatte Erich, am 25. Dezember 1888 geboren, als der letzte männliche Nachkomme der großen Hamburger Reederdynastie die von seinem Urgroßvater Johann Ferdinand Laeisz (1801–1887) gegründete, von seinem Großvater Carl Heinrich (1828–1901) und Vater Carl Ferdinand (1853–1900)

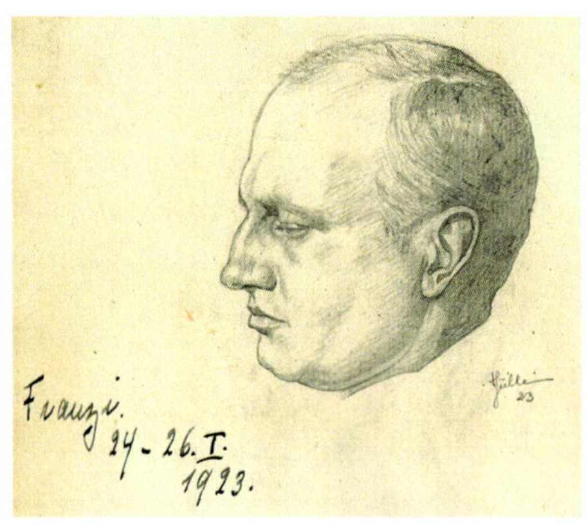

Erich Laeisz, Porträtzeichnung von Paul Huldschinsky im Gästebuch 2, 1923

ausgebaute Reederei mit 84 Laeisz-Seglern übernommen. 1897/98 war südwestlich der Trostbrücke der Laeiszhof als Kontorhaus für die Firma F. Laeisz erbaut worden. Das im Stil der Hannover'schen Architekturschule errichtete Gebäude ist noch heute Sitz der Reederei F. Laeisz und als Kulturdenkmal ausgewiesen. Auf einem der Giebel thront ein Pudel aus Bronze, eine liebevolle Anspielung auf den Kosenamen von Carl Heinrichs Ehefrau Sophie Christine und ihr krauses Haar. Die Namen aller Segelschiffe begannen außerdem mit „P", seit Johann Ferdinand Laeisz 1856 das erste Schiff „Pudel" getauft hatte. Die Großsegler Pamir, Passat, Peking, Priwall, Pommern, Padua usw. wurden von Seeleuten „Flying P-Liner" genannt und waren berühmt für ihre Geschwindigkeit und Zuverlässigkeit. Sie umrundeten auch bei starkem Sturm das gefürchtete Kap Hoorn, während andere Schiffe Schutz zum Abwettern suchen mussten. Die Reederei Laeisz hatte sich auf den Handel mit dem in Europa begehrten Salpeter aus Chile zur Herstellung der von Justus von Liebig entwickelten Stickstoff-Düngung in der deutschen Landwirtschaft spezialisiert. In Hamburg trat die Familie durch ihr großzügiges Mäzenatentum immer wieder in Erscheinung. So hatten Erichs Großeltern Carl Heinrich und Sophie Christine Laeisz mit ihren großzügigen Spenden die Erbauung des nach ihnen benannten und am 4. Juni 1908 eröffneten Konzerthauses am heutigen Johannes-Brahms-Platz ermöglicht. Die „Laeiszhalle", im Stil des hanseatischen Neobarock errichtet, galt zu jener Zeit mit 1897 Plätzen im großen Haus und 555 Plätzen im kleinen Haus als das größte und modernste Konzerthaus Deutschlands und ist aufgrund der hervorragenden Akustik und prächtigen Ausstattung nach wie vor einer der gefragtesten Musiksäle weltweit.

Erich und Franzi Laeisz nahmen nach Max Wiedmanns endgültigem finanziellen Crash die mittellose Nini mit ihren vier Kindern und später auch Ninis und Franzis verwitwete Mutter, genannt Omuschi, bei sich auf. Die Familie Laeisz bewohnte ein von den Architekten Erich Elingius und Eduard Pfeiffer sehr elegant gestaltetes Haus mit eigener Stallung am Harvestehuder Weg 27–28 und mit Blick auf die Alster. Nini fehlte es an nichts bei ihrer Schwester und ihrem Schwager. Doch die Sorge, wie es mit ihr und ihren Kindern weitergehen sollte, bedrückte sie. Ihr Ehemann schwirrte mit seiner Scheckkasse in der Weltgeschichte herum und ließ nichts von sich hören.

※

1920 war Paul Huldschinsky Anfang dreißig. Die Diplom-Hauptprüfung für Architekten, zu der er berechtigt gewesen wäre, hatte er offenbar nicht abgelegt, wurde aber ab 1919 als Architekt und Mitglied im Deutschen Werkbund geführt. Er lebte noch immer von dem, was ihm sein Vater als eine Apanage zukommen ließ oder als Rente. Davon ist gelegentlich in seinen Briefen die Rede. Wenn es nicht ausreichte, was wohl häufig der Fall war, machte er Schulden. Jannie, die ihren Vater sehr verehrt hat und deren „leidenschaftliches Bestreben [es] war, ihm zu gleichen“, schreibt dazu: „Mein Vater konnte überhaupt nicht mit Geld umgehen, machte Schulden oder verschenkte es. Er war vernarrt ins Schenken und Freudemachen, Etwas-für-andere-tun.“ Dem bereits erwähnten Siegfried von Vegesack half er beispielsweise aus, als dieser zu seinem „Raubritterturm“ im Bayerischen Wald eine Wiese kaufen wollte,

Selbstporträt von Paul Huldschinsky im Gästebuch 2, 1922

wie aus einem Brief von Rolf von Hoerschelmann an Vegesack hervorgeht: „Die Wiese haben Sie inzwischen hoffentlich sicher! Die 5000 M[ark] stellt Ihnen Huldschinsky gerne zur Verfügung und bittet Sie, ihm sofort mitzuteilen, in welcher Form und wohin er sie einzahlen soll." Wurde es für Paul Huldschinsky finanziell eng, verließ er sich anscheinend darauf, dass sein Vater wegen seines Namens und Rufs für ihn aufkam.

Nicht nur das Image des Geld-eines-reichen-Vaters-verschwendenden-Sohnes haftete Paul Huldschinsky an, auch das eines Schürzenjägers, was allein auf einer Anekdote beruht, die der berühmte Harry Graf Kessler in seinen Tagebüchern niederschrieb und die hier nicht unterschlagen werden soll. Zum Hintergrund jener Geschichte sollte man wissen, wer Karl Vollmoeller war, zu dessen engem Freundeskreis Paul Huldschinsky gehörte. Der als exaltiert geltende Karl Vollmoeller, Lyriker, Dramatiker, Rennfahrer, Flugzeugkonstrukteur, kurzum ein geniales Multitalent, habe sich laut Harry Graf Kessler als „ein deklassierter Dichter" empfunden, der es liebte, „um sich Deklassierte, Frauen in allen Stadien der Nacktheit" zu versammeln. Am 13. Februar 1926 soll sich in Vollmoellers Wohnung am Pariser Platz Folgendes zugetragen haben, wie Harry Graf Kessler sehr amüsant geschildert hat:

„Um eins, nachdem gerade meine Gäste gegangen waren, rief Max Reinhardt an, er sei bei Vollmoeller, sie bäten mich beide, ob ich nicht noch hinkommen könne? Mi[ss] Baker sei da, und nun sollten noch fabelhafte Dinge gemacht werden. Ich fuhr also zu Vollmoeller in seinen Harem am Pariser Platz und fand dort außer Reinhardt und Huldschinsky zwischen einem halben Dutzend nackter Mädchen auch Mi[ss] Baker, ebenfalls bis auf einen rosa Mullschurz völlig nackt, und die kleine Landshoff (eine Nichte von Sammy Fischer) [und Vollmoellers Geliebte] als Junge im Smoking. Die Baker tanzte mit äußerster Groteskkunst und Stilreinheit, wie eine ägyptische oder archaische Figur, die Akrobatik treibt, ohne je aus ihrem Stil herauszufallen. So müssen die Tänzerinnen Salomos und Tut-ench-Amuns getanzt haben. Sie tut das stundenlang scheinbar ohne Ermüdung, immer neue Figuren erfindend wie im Spiel, wie ein glückliches Kind. Sie wird dabei nicht einmal warm, sondern behält eine frische, kühle, trockene Haut. Ein bezauberndes Wesen, aber fast ganz unerotisch. Man denkt bei ihr an Erotik ebensowenig wie bei einem schönen Raubtier.

Die nackten Mädchen lagen oder tänzelten zwischen den vier oder fünf Herren im Smoking herum, und die kleine Landshoff, die wirklich wie ein bildschöner Junge aussieht, tanzte mit der Baker moderne Jazztänze zum Grammophon." Zu den angekündigten „fabelhaften Dingen" gehörte, dass Vollmoeller noch in derselben Nacht für die Baker ein Ballett schreiben wollte, „eine Kokottengeschichte", und Graf Kessler vorschlug, für sie und die Landshoff „eine Pantomime nach den Motiven des Hohen Liedes Salomonis" zu kreieren – „halb Jazz-, halb orientalischer Musik, vielleicht von Richard Strauss". Allem Anschein nach ist nichts daraus geworden.

Helen Hessel vermisste bei Paul Huldschinsky etwas Draufgängerisches, aber schreibt in ihrem „Journal", wie charmant und liebenswürdig er gegenüber Frauen war. 1920 haben Helen und Paul sich offensichtlich wieder getroffen. Im „Journal" erzählt Helen von mehreren Verabredungen im Oktober in München, wo sie sich in Restaurants, Cafés und in der Galerie Caspari getroffen hätten, auch in Gesellschaft von Wilhelm Speyer, dessen Ehefrau und Rolf von Hoerschelmann. Helen gibt detailliert Gespräche wieder und erzählt ausführlich von einem sehr intimen Rendezvous mit Hulle in einem Zimmer des Hotel Continental, bei dem Paul Huldschinsky gesagt habe: „Niemand auf der Welt riecht wie du – ich wache manchmal in der Nacht auf und denke an dich und will dich. Es ist ungerecht, dass du dich für einen von uns aufhebst." Überschrieben hat Helen Hessel die Situation mit „Vision: Hulle et moi seuls – curiosité". Wieder einmal lässt sie offen, ob es als Realität oder Fiktion zu lesen ist. Tatsache ist, dass Helen Hessel sich damals aus der familiären Bindung zu Franz und ihren beiden Söhnen gelöst hatte und in der Nähe von München lebte. Im August 1920 war Franz Hessel mit den Kindern in die „Villa Heimat" im oberbayerischen Hohenschäftlarn gezogen, in die Nähe von Helens Schwester Johanna, die mit Alfred Hessel, einem Bruder von Franz, verheiratet war. Nachdem Helen zur Familie zurückgekehrt war, lud Franz Hessel seinen Freund Henri-Pierre Roché ein. Helens, Rochés und Franz Hessels komplizierte Liebesgeschichte nahm ihren Anfang.

Helen Hessels Biografin schreibt, dass im März 1924, als Helen Hessel in Paris Roché besuchte, sich „auch Helens Freund und gelegentlicher Liebhaber Hulle in Paris auf[hielt], mit dem sie sich häufig traf, um Rochés Eifersucht in bewährter Manier zu schüren". Und als Helen von Rochés

Untreue erfuhr, habe sie ihm Dinge geschrieben wie „Hulle [...] will mit mir verreisen, ins Theater und mittags essen gehen. Ich sehe ihn eine Viertel- oder halbe Stunde in meinem Zimmer, oder eine Stunde in seinem Auto oder bei ihm zu Hause. [...] Er gehört zu diesen Männern, die erst nach dem Küssen unterhaltsam werden." Tatsächlich ist Paul Huldschinsky in jenen Jahren in Paris gewesen. Für das Jahr 1924 findet sich in seinem Album ein Foto vom Hotel Majestic, das allerdings mit 23.–28. Februar 1924 datiert ist.

Am 3. Juli 1924 war die Ehe von Paul und Lella Huldschinsky geschieden worden. Hatten Carl Fürstenberg und Oscar Huldschinsky in den Jahren seit der Trennung noch versucht, die Ehe wegen der Zwillinge zu retten? Anscheinend war die Scheidung Lellas unumstößlicher Wille gewesen.

In Carl Fürstenbergs Lebenserinnerungen, die mit dem Ende des Ersten Weltkriegs schließen, von seinem Sohn „niedergeschrieben" und 1961 herausgegeben, taucht der Name Paul Huldschinsky kein einziges Mal auf. Hans Fürstenberg erwähnt seinen Schwager in seinen eigenen Erinnerungen von 1965 auch nur einmal im Zusammenhang mit Haus Grüneck, wie bereits zitiert, und konstatiert im Kontext mit der anscheinend familiär nicht goutierten Heirat von Natalie, Lellas und Hans' jüngerer Schwester, mit dem Schweizer Bildhauer Fritz Huf: „Mein Vater hatte wenig dazu zu sagen, außer daß er schließlich seinen Segen dazu gab. Nicht viel glücklicher war er mit meiner älteren Schwester Aniela Huldschinsky, die während der Kriegsjahre in Bayern lebte und sich nach der 1913 erfolgten Geburt ihrer Zwillingstöchter nie wieder so völlig erholte, daß von einer normalen Lebensführung die Rede sein konnte."

Vom 16. Juli bis 5. August 1924 unternahm Paul mit Nini, Erich und Franzi Laeisz eine Reise auf der „Pavian" nach Schweden mit vielen Landaufenthalten, wie man an den Fotos sehen kann. Im September wird bei Paul Graupe in Berlin, Lützowstraße 38, Paul Huldschinskys Bibliothek versteigert mit mehr als eintausend Erst- und Luxusausgaben, illustrierten Büchern des 18. und 19. Jahrhunderts, seiner umfangreichen Beardsley- und sehr reichen Slevogt-Sammlung. Durchaus möglich, dass er sich in einem größeren finanziellen Engpass befand und Oscar Huldschinsky es leid war, wieder einmal für die Schulden seines Sohnes aufzukommen.

Erstmals nach Jahren unsteten Lebens hat Paul Huldschinsky nachweislich einen festen Wohnsitz in Berlin. Für 1925 ist er im Einwohnerverzeichnis gemeldet mit einer Wohnung in der Königin-Augusta-Straße 12, Gartenhaus I, und mit einem Büro in der Bellevuestraße 6.

※

23 Briefe von Paul Huldschinsky und zwei Briefe von Nini, die sich im Privatnachlass von Rolf von Hoerschelmann (1885–1947) fanden, geben für den Zeitraum von Mai 1925 bis August 1939 intime Einblicke in Paul Huldschinskys Leben. Sein „liebstes Brüderlein" pflegte er den Grafiker, Maler, Sammler und Schwabing-Veteran baltischer Herkunft in seinen Briefen zu nennen. Vermutlich hatten sie sich in München oder in Feldafing am Starnberger See kennengelernt. Über zwanzig Jahre ist Hoerschelmann ein enger Freund von Paul und auch von Nini gewesen, wenn nicht sogar ihr intimster Freund und Wegbegleiter. Er kannte Pauls Familie, Lella, die Zwillinge, Max Wiedmann, die Wiedmann-Kinder, die Familie Laeisz in Hamburg, fast alle von Pauls und Ninis Freunden; selbst die Namen ihrer zahlreichen Hunde – Spatz, Stromian, Dover, Pitsch, Urschi, Akazie usw. – waren ihm geläufig. Vielleicht darf man sagen, dass Rolf von Hoerschelmann und Paul Huldschinsky eine Art Seelenverwandtschaft verband. Beiden hätte es gefallen, ein „Leben ohne Alltag" zu leben, wie der Titel eines posthum veröffentlichten Buchs von Rolf von Hoerschelmann lautet, ein Leben frei von jedem Zwang.

Zwischen Paul Huldschinskys Briefen an Rolf von Hoerschelmann liegen mitunter Monate. Wohl deshalb beginnen viele mit einer Entschuldigung für seine „unüberwindliche Schreibfaulheit".

Nini Wiedmann und Paul Huldschinsky mit Rolf von Hoerschelmann am Starnberger See, o. J.

Er sei jetzt viel unterwegs, schreibt er im Mai 1925, ja, er hetze zwischen Frankfurt und Breslau hin und her. Er müsse Geld verdienen, was „in diesen Monaten wirklich sehr schwierig u. mühselig" sei, um zu leben und Schulden abzuzahlen. Über genügend Aufträge könne er nicht klagen, beispielsweise sei das Clubhaus der Presse fertig und „mit großem Trara, Reichskanzler u.s.w. eingeweiht" worden. Es habe ihm „viele Elogen" eingebracht und „hoffentlich später auch Aufträge". Plötzlich steht er unter Zeitdruck, muss Termine einhalten, für Paul Huldschinsky ungewohnt und neu. Er reist gern und häufig mit der Eisenbahn, nutzt die Zeit zum Schreiben von Briefen, Lesen und Zeichnen. War es mit seinem Gehetztsein tatsächlich so schlimm? Nebenher findet er durchaus auch für Vergnügliches Zeit. Als Gouvernante verkleidet tritt er bei einem spektakulären Kostümfest seiner Jugendfreundin Baby, Baronin Goldschmidt-Rothschild, auf, über das sogar in der Presse berichtet wurde. Zugunsten der Max-Reinhardt-Stiftung wirkt er bei einer Mitternachtsvorstellung von Shaws „Es hat nicht sollen sein" mit und spielt sogar eine der Hauptrollen neben Baronin Nadine von Uexküll, Baronin Pu Thüma und Herrn de Vaux. Die Damen und Herren hätten gespielt, „als ob sie gar keine Dilettanten wären", hieß es anerkennend in einem Zeitungsartikel. Er eröffnet Kunstausstellungen in der Galerie Wiltschek, beteiligt sich an den Festvorbereitungen zum 50. Geburtstag des Kunsthändlers Alfred Flechtheim und als Komiteemitglied an einem von namhaften Künstlern und Künstlerinnen gestalteten Buch für den Jubilar und so weiter und so fort.

Wann immer es seine Zeit hergibt, fährt er allerdings auch nach Hamburg, um Nini zu sehen. Sie lebe dort genauso wie in Egern, berichtet er Hoerschelmann, „eingesponnen in Grübeleien traurigster Art, ohne einen Menschen zu sehen". Sonst mache ihm alles zur Zeit nicht sehr viel Freude. Einem „on dit zu Folge soll draußen Frühling sein".

Vielleicht hatte Paul Huldschinsky nicht erwartet, in kurzer Zeit zu einem der bekanntesten und gefragtesten Innenarchitekten Berlins zu avancieren. Mit der Einrichtung eleganter Büros und Privatbibliotheken, z. B. von Paul Graupe in der Tiergartenstraße, hatte er sich bald einen Namen gemacht. Es folgten Einrichtungen herrschaftlicher Häuser wie die 1914 von Bruno Paul erbaute Villa Sobernheim am Schwanenwerder für Theo Simon und seine Frau Lotte, geborene Sobernheim, und die Einrichtung von

AM TIERGARTEN

Ein internationaler Treffpunkt der Bücherfreunde

MÖCHTEN SIE NICHT AUCH SO WOHNEN?

Interieurabbildungen in Zeitschriften

Wohnungen vermögender Auftraggeber in und rund um Berlin. Sehr oft gehörten diese zu seinem Bekannten- und Freundeskreis. Illustrierte Zeitschriften wie *Die Dame*, *Elegante Welt*, *Der Querschnitt* und *Das Kleine Journal* schrieben über den Innenarchitekten und bildeten seine Interieurs ab.

Er nimmt Aufträge an in Frankfurt, Breslau, Amsterdam, Paris und London. Seine Kunden sind beeindruckt von Huldschinskys kunsthistorischen Kenntnissen, seinem Geschmack, seinen originellen Einfällen, seinem Auge für kunsthandwerkliche Qualität und seine Verbindungen zu namhaften Werkstätten. Er ist kein moderner, progressiver Innenarchitekt, aber ein innovativer Gestalter. Aufgewachsen in antik eingerichteten Häusern mit museal präsentierten Kunstsammlungen, hatte er auf seinen Reisen und bei Aufenthalten in erstklassigen Hotels und vornehmen Häusern wohlhabender Freunde ein Gespür für individuelles, komfortables Wohnen erworben. Außergewöhnliche Aufträge scheinen auf ihn einen besonderen Reiz ausgeübt zu haben, beispielsweise die Ausstattung eines Kinderladens der Bekleidungsfirma M&E Staub in Berlin-Charlottenburg (1928). In einem Beitrag für die Zeitschrift *Elegante Welt* (1927) erklärt er sein Vorgehen bei der Einrichtung einer „verhältnismäßig klein[en]" Sommervilla am Wannsee. Er habe in diesem besonderen Fall „eine ausreichende Anzahl von Wohn- und Schlafzimmern unterzubringen und trotzdem den Eindruck großer Zimmer zu erhalten" gehabt. „In der großen, aus der offenen Veranda geschaffenen Wohndiele fand ich die Lösung: durch Anbringung fester Paraventwände, die sich vollkommen aufziehen und schließen lassen. Statt Betten verwendete ich überall sehr bequeme breite Sofas, die sich mit wenigen Griffen in Betten verwandeln lassen. Waschgelegenheiten, die sich in jedem Raum befinden, sind so verkleidet, dass sie den Eindruck der Wohnräume bei Tag nicht stören. Dem Wunsche des Bauherrn entsprechend, wurde das ganze Haus in chinesischem Stil gehalten. Trotzdem verzichtete ich natürlich nicht auf bequeme englische Cretonne-Möbel, Klinkerkamin und all dem Zubehör, den ein Wochenendhaus, das verwöhntesten Ansprüchen genügen soll, in unserer Gegend verlangt."

Besonderes Interesse an Paul Huldschinsky und seiner Arbeit zeigte seinerzeit einer „der gefürchtetsten und bewundertsten Journalisten", wie die Erfolgsautorin Vicki Baum ihren Kollegen Stefan Grossmann einmal bezeichnet hat. Zu einer aufwendig gestalteten Publikation (1930) über den Innenarchitekten Paul Huldschinsky schrieb der wortgewandte Stefan Grossmann in seinem Vorwort:

„Der erste Besteller, den er mit erfinderischer Liebe bedient hat, und an dem er am meisten gelernt hat vor vielen Jahren, war er selber. Er ließ sich Zeit, sich sein eigenes Haus zu gestalten. Er hatte jahrelang nichts anderes zu tun, als die Reichtümer und Schätze, die Paläste, Landhäuser und Wohnungen der wohlhabenden Europäer zu besichtigen und zu genießen. Er hat, durch die Großstädte promenierend, seine innere Welt aufgebaut, so war er bei den Kunsthändlern, Antiquaren und Trödlern von Paris, München und Wien zu Hause. Darum kannte er die besten Handwerker, die solidesten Tischler, die verläßlichsten Maler, die geschulten Stukkateure in Berlin, in München und Salzburg."

Wie schon 1920 in der Zeitschrift *Innendekoration* Paul Huldschinskys sensibler Umgang mit Farben bei seiner Einrichtung von Haus Grüneck hervorgehoben wurde, so betont auch Grossmann Huldschinskys „delikatesten Sinn" für aufeinander abgestimmte Farben. Dabei habe er „die etwas gedeckten Nuancen [bevorzugt], vor allem ein sehr wohltuendes Altgrün, ein etwas milchiges Blau und lachsfarbene Nuancen". Wenn für Huldschinskys Empfinden zu einer Wandbespannung in sanftem Grün nichts anderes als mit mattbraunem, gestepptem Taft bezogene Fauteuils passten, so habe er seine ganze Überredungskunst angewandt, um seinen Auftraggeber davon zu überzeugen. Eine Wohnung, ein Haus, habe er als Einheit gesehen, nicht als ein „zusammenhangloses Nebeneinander der Räume". Die Räume sollten sozusagen „ineinander überströmen können".

Dem sachlich-modernen Stil der Bauhausarchitekten, schreibt Grossmann, habe sich Paul Huldschinsky zeitlebens verweigert, so wie er fabrikmäßige Produktion und standardisierte Hotelzimmer ablehnte. Er stand der „sogenannten Zweckkunst der Gegenwart mit einer unverhohlenen Abneigung gegenüber". Sogar Telefonapparate habe er am liebsten hinter einem dekorativen Paravent versteckt. Er wollte „auch das Sachliche anmutig ausstellen".

Grossmann schließt seine Betrachtungen mit einer Warnung an potentielle Auftraggeber: „Er ist kein Schnellfertigmacher, seine Innenräume brauchen Zeit. Gewiß kann er sich an Termine binden, aber sicher wird jede seiner Arbeiten schöner gelingen, je besser ihn der Besteller mit

Zeit, Zeit, Zeit honoriert. – Für ihn ist jeder Kunde eine einmalige Erscheinung – und jede Wohnung muss deshalb ihr einmaliges Bild haben.“

※

Obwohl es Paul Huldschinsky, wie er in seinen Briefen wiederholt schreibt, an lukrativen Aufträgen nicht mangelte, änderte das nichts an seinen chronischen Geldsorgen. Im Januar 1926 ist es ihm schrecklich unangenehm, dass er Freund Hoerschelmann nachträglich zu Weihnachten lediglich ein Pfund Tee von einem Teehändler in Königsberg schicken lassen kann. So viel lieber hätte er ihm eine Reise von München nach Berlin spendiert, aber die Zeiten, in denen er Hoerschelmann eingeladen hat, sind vorbei. Stattdessen möchte er ihm einen Vorschlag machen. In den glühendsten Farben, allerdings unter dem Siegel der Verschwiegenheit, schildert er ein geplantes Filmprojekt des Schauspielers Curt Bois nach dem Roman „Ulle, der Zwerg“ von Vicki Baum. Er habe Curt Bois von seinem Freund Hoerschelmann erzählt, und nun sei der „wie verrückt“ nach ihm, wolle Fotos sehen und würde ihn dann sicherlich bitten, auf seine Kosten nach Berlin zu kommen. Das wäre doch herrlich. Endlich könnten sie ihre „versäumten Monate einmal nachholen“. Hoerschelmanns Antwort kennen wir nicht, können aber davon ausgehen, dass ihm der Vorschlag weder geschmeichelt noch verlockt hat. Tatsächlich hatte er aufgrund von hormonell bedingten Wachstumsstörungen noch im Alter von neunzehn Jahren nur die Größe eines Achtjährigen gehabt. In den folgenden Jahren hatte er jedoch einen deutlichen Schub gemacht, und zu seiner großen Befriedigung war ihm damals endlich auch ein Bärtchen gewachsen. Als Zwerg empfand sich der selbstbewusste Hoerschelmann mit einer Größe von – laut Personalausweis – 155 Zentimetern nämlich keineswegs.

Im selben Brief erfährt Hoerschelmann, dass „unser Ninilein“ von Erich und Franzi Laeisz auf eine lange Reise nach Kamerun mitgenommen worden sei, wo Erich Laeisz Plantagen besaß. Alle hofften, Nini mit dieser Reise aus ihrer depressiven Stimmung herausholen zu können. Paul Huldschinsky freute sich, „dass sie Wärme und Sonne hat und endlich mal aus allem herauskommt, aber natürlich sehne ich mich schrecklich nach ihr, sie wird wohl erst im März wiederkommen; es ist furchtbar schwer zu ertragen, dass ich ihr gar keine Nachricht schicken kann“.

Wohl von Anbeginn hatte sich Paul Huldschinsky zu Nini hingezogen gefühlt. In ihren Lebenserinnerungen schreibt Jannie: „Nini war eine sehr ruhige Frau mit einem fesselnden, ein wenig indianischem Gesicht und mit besonders schönen Armen, Händen und Beinen. Sie war vernünftig, entschlossen in ihrem Auftreten und ihren Meinungen, und sie hatte viel Charme."

Paul Huldschinsky war ein Jahr jünger als Nini und zehn Jahre jünger als Max Wiedmann. Nini hatte ihn nach seiner gescheiterten Ehe als einen ruhelosen, unsteten Menschen kennengelernt, in allem sehr großzügig, aber auch ständig in finanziellen Schwierigkeiten. Eine endgültige Trennung von Max, obwohl er sie im Stich gelassen und enttäuscht hatte, war Nini offensichtlich lange sehr schwergefallen. Letztendlich aber scheint sie sich zu ihrem „Glori" oder „Hulling" sehr hingezogen gefühlt und ihn mit all seinen Fehlern und Schwächen geliebt zu haben. Ansonsten hätte sie Wilhelm Speyers Roman nicht dermaßen erzürnen können, nachdem im Freundeskreis Teile des Manuskripts kursierten. Aufgebracht schreibt sie Rolf von Hoerschelmann am 27. Oktober 1926, sie wünsche sich so reich zu sein, dass sie Speyer das Manuskript abkaufen könne, damit „nicht alle B.I.Z. [Berliner Illustrierte Zeitung] oder Dameleser meines geliebten Gloris Charakter in allen hellen und tiefen Schattierungen kennen lernen. Kein Mensch in Berlin wird in Holk nicht sofort meinen Hulling erkennen und wenn sein Vater das Zeug zu lesen bekommt, wofür doch viele Sorge tragen werden, dann wird er mit Recht sehr erzürnt sein und die mühselig errungene Verständigung zwischen Glori und Oscar ist auf immer dahin. Selbst, wenn im zweiten Teil ein Heiligenschein um Gloris

Nini Wiedmann, Porträtzeichnung von Paul Huldschinsky, o. J.

Haupt gelegt wird, hilft das nichts." Sie habe sich auf das Buch gefreut, weil es geheißen hätte, dass Speyer ihren Hulling so positiv als einen „Beschirmer und Gefährten schöner Frauen" geschildert habe. „Das ist aber doch die sympathische Gestalt vom Glori, die eben alle so lieben und die denen, die ihn richtig lieben, sehr viel Herzblut kostet."

Natürlich war Nini nicht verborgen geblieben, dass Paul Affären hatte. Von seinen „Tabutscherln" schreibt sie einmal an Rolf von Hoerschelmann, und in einem Brief vom 27. Juli 1926 an Hoerschelmann spricht Paul Huldschinsky selbst das Thema an. Er zeigt sich betroffen und zerknirscht: „Du hast das vorige Mal in München zu Nini hässlich über mich geredet, weil Du Hässliches über mich gehört hattest. Du hättest dem Gehörten keinen Glauben schenken sollen – kein Mensch von denen, die redeten, haben mein Leben in dem letzten halben Jahr gesehen, keiner war bei mir – warum nahmst Du alles Schlechte so als selbstverständlich hin? Ich wollte mit Dir darüber reden, werde es auch noch tun, ließ es damals nur, weil mich im Grunde alles so freut, was Du aus Liebe zu Nini tust – ich bin so froh, dass Du sie (als Einziger meiner Freunde) liebst. Wie nah Du mir dadurch bist, weißt Du. Ich will aber nicht, dass das noch einmal vorkommt, dass Du – von mir unterrichtet – Falsches von mir denkst, darum diese Zeilen. Ich bekam gestern ein Telegramm von Dorchen Schönthan, dass sie in Feldafing ist – Du wirst sie durch Speyer kennengelernt haben. Sie ist ein reizendes, begabtes, junges Geschöpf u. hat sich mit ihrer zähen Jugend so in mein Leben gedrängt, dass ich fast daran zerschlug. Aber ich will es nicht, ich liebe Nini und nur Nini und will keinem Menschen gestatten, daran zu rütteln. Ich will endlich in ihrem und meinem Sinne leben können, ohne Einschränkung und ohne Chi-Chi. Das sage ich Dir, damit Du nicht an mir zweifelst." Doris Schönthan war Model, Fotografin und Journalistin und 21 Jahre jung.

Wilhelm Speyers Roman „Charlott etwas verrückt" erschien 1927. Von der Presse wurde er enthusiastisch gefeiert als amüsant, klug, anmutig, genial, charmant, witzig und avancierte zum „Modebuch des Sommers". Im folgenden Jahr lag die Auflage bereits bei 40 000, und der Roman wurde ins Russische, Französische, Schwedische und Englische übersetzt. Speyers Geschichte spielt in der High Society von Berlin, in einer Welt der Mondänen und Privilegierten, deren Tage ausgefüllt sind vom morgendlichen

Golfen, über das Einkaufen exquisiter Nichtigkeiten und den Genuss von Champagner und Langusten bis zu durchtanzten Nächten in exklusiven Clubs. In dieser Welt geht es den vermögenden Alten wie den auf das Erbe harrenden Jüngeren nur um Geld, um das Haben und Nichthaben, das Schenken, Bezahlen mit ungedeckten Schecks oder ein Leben auf Pump. Speyers Charlott verkörpert den zeitgenössischen Typus der „Neuen Frau" mit Bubikopf, kurzem Rock, geschminkt und Zigaretten rauchend. Als eine „knabenhafte Gazelle mit der inneren Widerstandskraft eines gefährlichen kleinen Raubtieres" wurde sie von einer Rezensentin beschrieben und als eine „Allegorie für Tempo", womit das rasante Lebensgefühl der zwanziger Jahre in einer Metropole wie Berlin gemeint war. Charlott sucht das Risiko, lebt in einem „Höllentempo". Entsprechend beginnt der Roman damit, dass Charlott ihren noch nicht bezahlten 120-PS-Mercedes auf der Avus auf 130 km/h beschleunigt und dem mitfahrenden „Holk" alias Paul Huldschinsky Hören und Sehen vergeht. Holk betet Charlott an, tut alles für sie, kommt aber nicht zum Zuge und ist ansonsten ein flott lebender Müßiggänger, der die Frauen mit Blumen und Geschenken überschüttet und unbekümmert Schulden macht.

In diesem Zusammenhang kommt in dem Roman Holks Vater ins Spiel. Der „gewaltige, menschenscheue und bärbeißige Antonius lebte einsam, mit wenigen gute Freunden, zu denen sein Sohn keinesfalls gehörte. [...] Geraume Zeit hatte er die Bedeutung der Geldentwertung nicht begriffen. Aber er war sein Leben lang zu genial gewesen, um sich nicht belehren zu lassen und endlich auch zu siegen. Er begann nach der Stabilisierung Geschäfte großen Stils zu machen. Er pflegte seinem Sohn keinen Pfennig seines Geldes zu geben. Das war ihm eine liebe Gewohnheit geworden, an der er mit der Zähigkeit eines alten Mannes festhielt. [...] Kam die Rede auf Geld, so zeigte Antonius den mürrisch verschlossenen Gesichtsausdruck alter Leute, die eigensinnig zu wissen glauben, was ihnen zu ihrer Lebensverlängerung frommt. Zu Antonius' Grundsätzen der Lebensverlängerung gehörte es nun einmal, seinem Sohn kein Geld zu geben. [...] Antonius hielt große Stücke auf die Lebensverlängerung, und er tat recht daran, denn er war ein prächtiger alter Herr mit prächtigen Charakterfehlern, die so alt waren wie die Menschheit selber." Ninis Sorge, dass man in Antonius Pauls Vater erkennen und der Roman die ohnehin angespannte Vater-Sohn-Beziehung erneut belasten könnte, war nicht ganz unbegründet.

Nicht nur für Holk hat Speyer ein reales Vorbild gehabt, auch für Charlott. Vieles spricht dafür, dass es sich dabei um seine und Paul Huldschinskys gemeinsame Freundin Erika Landsberg gehandelt hat. Mit siebzehn Jahren, gerade der Schule entronnen, hatte Erika den aus einer sehr vermögenden Familie stammenden Theo Simon, Sohn von Eduard Simon und Neffe von James Simon, geheiratet, nachdem er sich ihretwegen hatte scheiden lassen. Schon bald nach der Geburt ihrer Tochter Angelika ließ sich Erika scheiden, um eine neue Ehe einzugehen, der in den nächsten Jahrzehnten vier weitere Ehen folgen sollten. In ihrem Nachlass fand sich ein Brief von Paul Huldschinsky zu Erikas neunzehnten Geburtstag (1925): „Sonnabend. Grüss Dich, mein Geburtstagsgeschöpf. Und werde mir nicht zu erwachsen mit Deinen 19 Jahren – çela ne vaut pas la peine [das ist nicht der Mühe wert]. Ich küsse Deine Hände. Hulle"

Noch im Erscheinungsjahr wurde „Charlott etwas verrückt" in Berlin unter der Regie von Adolf Edgar Licho verfilmt, und die in Hollywood zum Star gewordene Lyra de Putti spielte die Charlott. Es heißt, der Schauspieler und Regisseur Hans Steinhoff hätte gerne die Verfilmung übernommen. Steinhoff war der biologische Vater von Erika Landsberg, was diese allerdings erst im Alter von sechzehn Jahren bei der Beerdigung von Ludwig Landsberg, ihrem vermeintlichen Vater, einem angesehenen jüdischen Chemiker und Unternehmer, erfahren haben soll. Hans Steinhoff avancierte später mit seinen Propagandafilmen „Hitlerjunge Quex" und „Ohm Krüger" zum Starregisseur des „Dritten Reichs".

*

Offenbar hatten Nini die Reise und der Abstand zu ihrem bisherigen Leben mit Max tatsächlich geholfen, eine Entscheidung zu treffen. Nach der Rückkehr aus Kamerun ließ sie sich im November 1926 von Max Wiedmann scheiden. Anschließend konnte Paul sie überreden, nach Berlin zu ziehen. Er mietete für sie eine Wohnung in der Maaßenstraße, die er von Grund auf renovieren ließ und komfortabel einrichtete. Am 14. Februar 1927 berichtet er Rolf von Hoerschelmann, die Wohnung sei reizend geworden. Überall hingen Sachen von Hoerschelmann, und alles sei voll Erinnerungen an ihn und seine Freundschaft. Nini wohne dort „sehr friedlich" zusammen mit ihrem ältesten Sohn Ernst und „wird hoffentlich langsam wieder ein ruhiger u. froher Mensch werden. Vorläufig lastet die Reaktion von all den schweren Jahren auf ihr schwer u. hindert sie daran, etwas so zu genießen, wie sie es früher konnte. Ich bin über alles selig, dass sie da ist u. dass ich sie täglich sehen u. um sie sein kann, u. führe ein konzentriertes, schönes Leben." Deshalb komme er jetzt auch noch weniger zum Schreiben. Um es Nini in Berlin so schön wie möglich zu machen, hatte sich Paul Huldschinsky in erhebliche Unkosten gestürzt, denn er schließt seinen Brief mit: „[Z]u tun habe ich immer u. verdiene auch immer Geld, von dem ich ganz gut leben könnte, wenn ich nicht egal abzahlen müsste. Aber im Oscar'schen Hause brauche ich ja nichts."

Tatsächlich war er im Sommer 1926 zu seinem Vater in die Matthäikirchstraße gezogen, obschon ihre Beziehung wahrhaftig nicht die beste war. In dem weitläufigen Haus konnten sich Vater und Sohn leicht aus dem Weg gehen, zumal sich Oscar Huldschinsky, umsorgt von seinem Diener, auf wenige Räume im Obergeschoss zurückgezogen hatte. Die Stimmung des 80-Jährigen befand sich allerdings auf einem Tiefpunkt. Nach dem verlorenen Krieg waren die von ihm gekauften Kriegsanleihen durch Geldentwertung und Staatsverschuldung wertlos geworden und hatten ihm immense finanzielle Verluste eingebracht. Außerdem hatte er mit der Volksabstimmung in Oberschlesien 1922, die eine Teilung des Gebiets zwischen Polen und Deutschland nach sich zog, einen Teil seiner Hüttenwerke verloren. Wohl deshalb hatte er sich bereits schweren Herzens von seinem Raffael getrennt. Eine Million habe er für das Gemälde von dem Londoner Kunsthändler Agnew bekommen, wie Paul Huldschinsky am 12. Mai 1925 Freund Hoerschelmann verriet. Nun säße Oscar „traurig in seinem Stuhl", und Wilhelm von Bode sei furchtbar enttäuscht.

Damit war es nicht genug. Als nächstes gab Oscar Huldschinsky seine Kunstsammlung unter den Hammer. Im Mai 1928 wurden 66 Gemälde niederländischer, deutscher, italienischer und französischer Schule aus seinem Besitz versteigert, außerdem Bildwerke, englische Farbstiche, Miniaturen, Schmuck, Tafelsilber, antike Dosen, Möbel, Textilien, Keramik und vieles mehr. Oscar Huldschinsky, so erfahren wir von Marianne

Feilchenfeldt Breslauer, sei von sich aus auf ihren Ehemann zugekommen und hätte ihm aus persönlicher Wertschätzung seine Sammlung zur Versteigerung angeboten. Walter Feilchenfeldt, der seine berufliche Laufbahn 1919 als Volontär in der Kunst- und Verlagsbuchhandlung Cassirer begonnen hatte, war zusammen mit der promovierten Kunsthistorikerin Grete Ring, einer Nichte von Max und Martha Liebermann, seit 1924 neben Paul Cassirer Teilhaber am Kunstsalon. Nach dem Tod Paul Cassirers 1926 in Folge seines Suizids leiteten beide den Kunstsalon. Walter Feilchenfeldt habe damals Oscar Huldschinsky versprochen, sich für die Auktion „etwas Besonderes einfallen zu lassen, und das tat er auch, indem er einen Katalog drucken ließ, der so groß und schwer, aber auch so schön gestaltet war, daß man weder das Herz hatte, ihn wegzuwerfen, noch ihn in irgendeinem Bücherschrank unterbringen konnte. Jedes Bild war in Kupfertiefdruck ganzseitig reproduziert, und während einiger Wochen, ja, noch Jahre später, sah man den Katalog überall bei den wohlhabenden Berliner Kunstliebhabern in den Wohnzimmern liegen." Der opulente Katalog, ungefähr im heutigen A3-Format, war mit einem Kupfertiefdruck nach einer Porträtzeichnung Oscar Huldschinskys von Max Liebermann versehen. Vom 5. bis 9. Mai konnte die Sammlung im Kunstsalon Cassirer in der Viktoriastraße 35 besichtigt werden, und am 10. und 11. Mai fand die Auktion statt im Marmorsaal des Grand Hotels Esplanade in der Bellevuestraße. 243 Lose kamen unter den Hammer. Wie die Presse berichtete, schlugen sich die herausragende Qualität der Sammlung und die Beteiligung eines internationalen Publikums in den Preisen nieder. Es wurden Summen gezahlt, die auf dem Berliner Kunstmarkt bis dahin nicht erzielt worden waren. Rembrandts „Bildnis der Hendrickje" beispielsweise ging für die Rekordsumme von 570 000 RM in die USA. Die Auktion soll mit einem Gesamterlös von 4,5 Millionen RM (ca. 15,3 Millionen Euro) alle Auktionen des Berliner Kunstmarktes in den vergangenen Jahren überflügelt haben. Das spektakuläre Kunstereignis wurde von Max Slevogt in zwei Gemälden festgehalten, die sich farblich leicht voneinander unterscheiden. Eines ist heute im Germanischen Nationalmuseum Nürnberg, das andere in der Niedersächsischen Landesgalerie Hannover zu sehen.

Wie sehr vor allem Wilhelm von Bode den Verlust und das Auseinanderreißen dieser bedeutenden Sammlung beklagt haben wird, kann man sich vorstellen. Bereits vor der Auktion hatte sich am 26. Februar 1928 im Wochenblatt *Kleines Journal* ein Autor unter dem Kürzel „B. v. H." höchst erbost geäußert. Oscar Huldschinsky habe mit der Aufgabe seiner Sammlung „den Kunstgenüssen der Reichshauptstadt einen schweren Schlag versetzt". Ihm und den Kunstsammlern Eduard Arnhold, James und Eduard Simon sprach der Autor eine wahre Liebe zur Kunst ab. „Diese Kreise" besäßen „keinen Ehrgeiz mehr, in einer Gesellschaft, die kaum noch eine ist, zu glänzen". Ein „Park von Autos – ausländischen natürlich" – wirke „weit stärker als der Besitz der wertvollsten Goyas und Rembrands [sic]". Anschließend äußerte er sich auch noch verächtlich über das gestörte Verhältnis von Oscar Huldschinsky zu seinem Sohn Paul. „Bei der Auflösung der Huldschinskyschen Sammlung bedauert man weniger die Töchter, denen Kunst Hekuba ist, als den kunstverständigen, kleinlicher Gründe wegen, mit dem Vater verkrachten Sohn, der im Gegensatz zu allen zuvor Genannten wirklich etwas von Kunst versteht und dessen seltenen Geschmack man in den Häusern vieler Neureicher bewundern kann. [...] Er hätte das künstlerische Erbe seines Vaters mit Liebe verwaltet – er hätte es, um mit Schiller zu sprechen, erst einmal erworben, um es zu besitzen."

Zeitungsfoto von der Auktion, Mai 1928. Mittig hinten in erster Sitzreihe schreibend möglicherweise Paul Huldschinsky.

Daraufhin erhielt Paul Huldschinsky ein Schreiben vom 7. März 1928 des Chefredakteurs Wagner, in dem dieser ihm mitteilte, dass ein „unverschämter" Briefschreiber „die Anfrage an uns richtet, wieviel Sie uns dafür bezahlt hätten. [...] Dass ein Anonymus nun gar die Dreistigkeit besitzt, uns zu unterstellen, wir hätten uns den Artikel von Ihnen honorieren lassen, geht doch über die Hutschnur." Schließlich sei ihr Verleger „ein notorisch reicher Mann" und auch der Verfasser „ein äusserst gut gestellter Herr, dessen jährliches Einkommen sich auf etwa 4000 Mark beläuft. Ich kann mich aber nicht wehren, weil der Feigling nicht den Mut besass, seinen Namen unter den Schmähbrief zu setzen. Ich werde ihm in der Zeitung antworten. Ich wollte nicht verfehlen, Sie über diesen unerhörten Vorgang zu unterrichten und empfehle mich Ihnen in hochachtungsvoller Ergebenheit."

Selbstverständlich sammelte Oscar Huldschinsky keine ausländischen Automobile, zumal er sich, wie seine Enkelin Jannie schreibt, „immer noch mit seinen zwei schönen schwarzen Pferden vor einem eleganten Wagen durch die Stadt [fahren ließ], als jeder schon längst ein Auto fuhr". Nein, durch den wirtschaftlichen Einbruch hatte er sich offensichtlich dazu gezwungen gesehen wie schon vor ihm James Simon, der große Kunstsammler, Mäzen und Stifter der Nofretete-Statue. Dieser hatte seine prächtige Villa im Tiergarten und Gemälde aus seiner Sammlung verkauft. Kurz nach der Versteigerung seiner Kunstsammlung veräußerte Oscar Huldschinsky auch seinen Besitz am Wannsee sowie das Haus in der Matthäikirchstraße und bezog ein Haus in der Rüsternallee 4–6, wo er, umsorgt von seinem getreuen Diener Wilhelm Simon und dessen Ehefrau sowie vom Ehepaar Clara und Hanns Peiser, die nächsten Lebensjahre verbrachte. Das Haus war sehr viel weniger repräsentativ, aber geräumig genug, um aufzunehmen, was von seiner Sammlung nicht versteigert worden war. Zwei Jahre zuvor, zu seinem Geburtstag am 16. November 1926, hatte Lili ihrem Vater fünfzehn gut kopierte Porträts aus seiner Sammlung mit den fotografierten und in die Bilder montierten Köpfen seiner fünfzehn Enkel und Enkelinnen als „Die Sammlung Oscar Huldschinsky. Neue Version. Herausgegeben von Lili" zum Geschenk gemacht. Damals hatte wohl niemand von ihnen geahnt, dass dieses originelle Geschenk Oscar Huldschinsky als einzige Erinnerung an seine Gemäldesammlung und als ein schwacher Trost bleiben würde.

※

Am 18. Juli 1928 haben Paul Huldschinsky und Nini Wiedmann geheiratet. Ob Oscar Huldschinsky an der Hochzeit teilgenommen hat, wissen wir nicht, und ebenso nicht, ob es stimmt, dass sie bei Pauls Schwester Minze in Baerfelde geheiratet haben. Es fand sich kein Hochzeitsfoto im Nachlass. Nini wünschte sich, sooft wie möglich ihre vier Kinder bei sich zu haben, und natürlich wollte das auch Paul. Nur war dafür die Wohnung in der Maaßenstraße zu klein, und beengtes Wohnen war Paul Huldschinsky seit jeher ein Gräuel. Unverhofft bot sich eine Lösung, als der Käufer und neue Eigentümer der Huldschinsky-Villa am Wannsee, der Bankier Georg Schicht, eine Erweiterung und Umgestaltung wünschte. Die seeseitige Fassade sollte einen Anbau erhalten, wodurch das Speisezimmer von bereits 55 Quadratmetern auf die stattliche Größe von 95 Quadratmeter vergrößert und zwei seitliche Veranden mit Veranda-Hebefenstern angefügt werden sollten. Paul kam mit dem Bankier überein, die Bauaufsicht und die Ausstattung der Gesellschaftsräume zu übernehmen, wenn ihm dieser die Nebenvilla auf dem Grundstück mietfrei überließ. Diese kleinere Villa in neobarockem Stil hatte Oscar Huldschinsky, so ist es in der Familie überliefert, nach Susannes Hochzeit mit Otto Reichenheim erbauen lassen, und zwar für künftige Sommeraufenthalte seiner Lieblingstochter. Nini, Paul, die Kinder, alle fanden es herrlich, am Wannsee zu wohnen. Auch für Gäste war genügend Platz. Ninis Bruder Richard, der auf Long Island lebte, kam mit seiner Frau und den beiden Töchtern zu Besuch, Erich und Franziska Laeisz mit ihrer Tochter Crici und viele andere. Und weil sie alle in dem schönen Haus am Wannsee sehr glücklich waren, wollten sie gerne auch nach Fertigstellung der Umbauarbeiten bleiben. Paul zahlte dem Bankier eine Miete, und sie ließen es sich auch sonst gut gehen. Ninis Kindern sollte es an nichts fehlen. Lorilott besuchte eine Privatschule am Nikolassee, Piet ein Internat auf der Nordseeinsel Juist und Andrej die Internatsschule Schloss Neubeuern.

Im Oktober 1929 eröffnete Paul Huldschinsky mit Professor John Archibald Campbell in der Regentenstraße 20 ein gemeinsames Atelier für Architektur. Nicht bekannt ist, wie der Kontakt mit dem englischstämmigen Architekten zustande gekommen war. Möglicherweise datierte die

Verbindung aus der Münchner Zeit, als Paul Huldschinsky sich oft in Feldafing am Starnberger See aufhielt, wo Campbell zusammen mit Richard Drach zwei Häuser entworfen und erbaut hat: das vielbeachtete Landhaus Bauer im Stil eines strohgedeckten niedersächsischen Bauernhauses und ein bescheideneres, kleineres Haus als Spekulationsobjekt für den Kaufmann Wilhelm Enders, das später von Thomas Mann genannte „Villino“, in dem dieser wichtige Partien des „Zauberberg“ geschrieben hat.

Eine von Campbell 1901 hoffnungsvoll begonnene berufliche Laufbahn in Deutschland war mit Ausbruch des Ersten Weltkriegs zunichte gemacht worden. Nach langer Inhaftierung im deutschen Internierungslager Ruhleben war er nach Kriegsende zunächst nach England zurückgekehrt, Partner in einem Londoner Architekturbüro geworden und eine Zeit lang zwischen Deutschland und England gependelt. Nun versuchte er, in Berlin erneut Fuß zu fassen.

Paul Huldschinskys großer und potentieller Freundes- und Bekanntenkreis konnte einer Zusammenarbeit nur nützlich sein, vor allem Paul Huldschinskys Mitgliedschaft im „Golf- und Land-Club Berlin-Wannsee“. 1924 war es dem Bankier Herbert Gutmann gelungen, den 1895 in Berlin-Westend von britischen und amerikanischen Diplomaten gegründeten „Berlin Golf Club“ an den Wannsee umzuziehen. Das damalige Mitgliederverzeichnis soll sich wie ein kleines Who's who der Berliner Gesellschaft gelesen haben. Vermögende und einflussreiche Persönlichkeiten wie der Kunsthändler Alfred Flechtheim, der Silberschmied Emil Lettré, die Familien von Mendelssohn-Bartholdy, Goldschmidt-Rothschild und viele andere pflegten sich dort zu treffen und ihrem Hobby nachzugehen. Wie Grossmann geschrieben hatte: „Huldschinsky stammt aus der Welt, für die er arbeitet.“ Campbells und Huldschinskys erstes gemeinsames Projekt scheint das Clubhaus gewesen zu sein. Nachdem im Juni 1931 die Golfanlage feierlich eröffnet worden war, bedauerte das amtliche Organ des deutschen Golfverbandes sechs Monate später, dass der Berliner Golf-Club „ein Opfer der Wirtschaftskrise geworden ist und seine Zahlungen eingestellt hat“. Zwar wurden Entwurf und Ausführung des Clubhauses dem Regierungsbaumeister Karl Hoffmann zugeschrieben, andererseits geht man davon aus, dass das Gebäude „als Entwurfsthema von John A. Campbell und Paul Huldschinsky mehrfach bearbeitet“ wurde. Dafür

Professor J. A. Campbell
London

Paul Huldschinsky
Berlin

haben in der

Regentenstrasse 20 part.

Berlin W 10

ein gemeinsames Atelier für Architektur

eröffnet.

Entwurf und Ausführungen von Bauten jeder Art,

besonders von Landhäusern, Clubanlagen, Bungalows.

Telefon:
B2 Lützow 4369 u. 8681

Berlin W
im Oktober 1929

Paul Huldschinsky und John Archibald Campbell, Anzeige zur Ateliereröffnung, 1929

sprechen „drei Entwürfe unterschiedlicher Größe und unterschiedlicher Gebäudefiguren“, die sich in Campbells Nachlass fanden, und der Hinweis auf Clubanlagen in der Ankündigung ihrer Atelier-Eröffnung. „Es ist anzunehmen, dass zu diesem Zeitpunkt das Projekt des Golfclubs in Nedlitz schon in Aussicht gestellt war und somit hier als Akquise-Nachweis genutzt wurde.“

Auch ihr zweites gemeinsames Projekt, dessen Akquise höchstwahrscheinlich auf der langjährigen Freundschaft von Paul Huldschinsky mit Baby, Marie-Anne von Goldschmidt-Rothschild, beruhte, wurde nicht realisiert. Sie hatte 1930 das Grundstück mit einem Wasserturm von 1905, Inselstraße 7, auf der Insel Schwanenwerder im Großen Wannsee erworben. Gewünscht und geplant war eine „schlossartige Anlage“, einschließlich Wirtschaftsgebäude mit Pferdeställen und Wagenremisen, mit einem Bootshafen, einer kleinen Landungsbrücke und einem Gartenhaus. Baubeginn war am 17. Oktober 1930. Doch bereits nach der Errichtung der Decke über dem Kellergeschoss kam es zum Baustopp, vermutlich wegen der schwierigen wirtschaftlichen Situation und des zunehmenden politischen Drucks auf jüdische Bauherren. Ende 1931 verließ Campbell fluchtartig Deutschland, und das Bauvorhaben wurde 1932 endgültig aufgegeben. Nach der Machtübernahme der Nationalsozialisten 1933 kam es vermehrt zu Versteigerungen und Zwangsverkäufen der Villengrundstücke an führende Funktionäre der Partei. Joseph Goebbels beispielsweise erwarb im Jahre 1936, wie es heißt weit unter Wert, das Grundstück Inselstraße 8–10, drei Jahre später auch noch das Nachbargrundstück des Bankiers Samuel Goldschmidt, und 1939 musste Marie-Anne von Goldschmidt-Rothschild ihr Grundstück in der Inselstraße 7 für 150 000 Mark an Albert Speer abtreten.

※

In einem Brief vom 24. Juli 1931 aus Paris, wo er einen Auftrag angenommen hatte, ließ Paul Huldschinsky seinen Freund Hoerschelmann wissen:

„Am 1. August ziehen wir aus Wannsee aus. Es wurde alles viel zu teuer, und mein Hauswirt hat mich netterweise aus dem Vertrag herausgelassen. Ich habe eine Wohnung in der Knesebeckstr. 58/p gemietet, wo ich auch das Bureau hinverlege, (das nur noch aus Gitt und einem Zeichner besteht,) so dass ich viel billiger wirtschaften kann. Wir haben es uns sehr lange überlegt, ob wir in dieser Zeit nicht in Berlin ganz Schluss machen und nach Bayern aufs Land ziehen sollen. Aber mit der Rente meines Vaters kann ich ohne Nebenverdienst Nini und die 4 Kinder nicht ernähren – so sind wir in Berlin geblieben und warten auf die Zeit, in der es wieder etwas zu tun geben wird. Vorläufig ist's natürlich vollkommen still. Ich werde am Montag wieder in Berlin sein und den Umzug dirigieren. Nini schicke ich während der Zeit nach Hamburg."

In der Hoffnung auf die beiden in Aussicht gestellten lukrativen Projekte hatte er sich mit der Einrichtung des gemeinsamen Büros, der Miete am Wannsee und allem anderen, was familiär an ihm hing, übernommen. „Uns ist es etwa 3 Monate sehr schlecht gegangen: ich hatte Oscar bitten müssen, für mich Schulden zu bezahlen, die ich nicht mehr erledigen konnte, da alle erteilten großen Aufträge mir entzogen wurden, u. er hat uns scheußlich gequält mit üblen Schikanen. Einen Teil hat er bezahlt – den anderen wird er wohl noch zahlen." Mal wieder war der Vater eingesprungen, aber der hatte es ihn anscheinend büßen lassen. Typisch für Paul Huldschinsky, dass er in seinem Brief im nächsten Satz gleich wieder einen zuversichtlichen Ton anschlägt. Er und Nini wären „wie Phönixe aus der Asche gestiegen trotz Pleite u. allem Übel. Es geht uns gut u. wir sind guter Dinge. Die ganze Wirtschaftsgeschichte ist uns Hekuba." Dann folgen im Plauderton Titel von Büchern, die er gelesen hat und Hoerschelmann nur empfehlen kann, „Erfolg" von Lion Feuchtwanger und „Ein Sturmwind auf Jamaika" von Richard Hughes. Er hofft, Hoerschelmann im September mit Nini in Feldafing besuchen zu kommen. „Aber mit dem Geld wird's hapern." Zu seinem Bedauern würde das Haus, welches er in Paris einrichte, bald fertig sein. „Schade – es war eine reizende Aufgabe. Und Paris ist immer gleichmäßig beglückend." Keine Frage, zumal er im Plaza Athénée wohnte, einem der elegantesten und teuersten Hotels in Paris.

Nicht näher ausgeführt hat Paul Huldschinsky in seinem Brief die „üblen Schikanen" seines Vaters. Dabei könnte es sich um Folgendes gehandelt haben: Laut einem Nachtrag vom 24. Oktober 1930 zu einem vorausgegangenen Testament hatte Oscar Huldschinsky seinen Sohn „eine Zeit lang unter Kuratel" stellen lassen. Diese Maßnahme hatte noch ihren

Ursprung im römischen Recht und konnte in jenen Jahren bei volljährigen Personen im Falle von „Verschwendung (prodigi)" angewandt werden. Kuratel war eine damals gebräuchliche Bezeichnung für Entmündigung und würde bedeutet haben, dass Paul Huldschinsky nicht als geschäftsfähig galt.

Ungefähr zwei Monate nach jenem Brief an Rolf von Hoerschelmann verstarb Oscar Huldschinskys am 21. September 1931 im Alter von 84 Jahren, laut Sterbeurkunde um 5.15 Uhr in seiner Wohnung. „Die Einäscherung fand auf Wunsch des Verstorbenen in aller Stille statt", war in der Todesanzeige am 26. September in der *Vossischen Zeitung* zu lesen. Beigesetzt wurde die Urne auf dem Friedhof Wannsee im Mausoleum der Familie an der südlichen Friedhofsmauer, neben seiner 1912 dort bestatteten Frau Ida. Seitdem Oscar Huldschinsky im Jahre 1902 den Antrag gestellt hatte, „zumindest einen Teil des Friedhofs in Wannsee für die Bestattung von Juden freizugeben", und der Landrat des Kreises Teltow zugestimmt hatte, durften dort auch jüdische Villenbewohner beigesetzt werden. Das um 1903 entstandene Sepulkralbauwerk aus hellem Kalksandstein in späthistorischen, an das Rokoko anknüpfenden Formen hatte der Architekt Otto Stahn für die Familie Huldschinsky entworfen. Wenigen dürfte damals bekannt gewesen sein, dass Oscar Huldschinsky acht Jahre zuvor, im September 1923, seinen Austritt aus dem Judentum erklärt hatte.

Mausoleum der Familie Huldschinsky auf dem Friedhof Wannsee

Am 3. November 1931 kam „Die Zeichnungs-Sammlung Oskar [sic] Huldschinsky † Berlin. Handzeichnungen niederländischer Meister des 17. Jahrhunderts" bei Paul Graupe in der Tiergartenstraße 4 zur Versteigerung. Eine Liste führte 132 Lose auf zu Schätzpreisen zwischen zehn und 6000 Reichsmark. Über den Erlös ist nichts bekannt.

Zu seinem Testamentsvollstrecker hatte Oscar Huldschinsky den bei ihm in der Rüsternallee wohnenden Bankprokuristen Hanns Peiser eingesetzt. Besagter Nachtrag zum Testament kam bei der Testamentseröffnung auch zur Sprache. Der diesbezügliche Sachverhalt wurde folgendermaßen protokolliert: „Während mein Sohn Paul unter Kuratel stand, wurde sein Anteil an der ‚Supamali' auf seine Töchter übertragen. Nach Aufhebung der Kuratel geht der Anteil von je 2.500 Reichsmark wieder auf meinen Sohn zurück und alle Ausschüttungen gebühren ihm." Pauls Entmündigung war demnach vom Vater aufgehoben worden. Bei der genannten „Supamali" handelte es sich um eine nicht näher bestimmte Firma, die offenbar erst nach 1926 gegründet worden war, da sie in Oscar Huldschinskys Testament vom 29. Juni 1926 nicht erwähnt wird und über deren Bestand auch weiter nichts bekannt ist. Der Name „Supamali" war

Oscar Huldschinsky mit acht Enkelkindern, v. l. n. r.:
Marie-Luise Friedheim, Moppi Reichenheim, O. H. mit Hubert Klemperer, Julius Reichenheim, Annemie und Jannie Huldschinsky, Gerda Friedheim, Charlotte Reichenheim, 1914

aus den Anfangsbuchstaben der vier Geschwister Susanne, Paul, Marie und Lili zusammengesetzt. An reinem Nachlass waren laut Testament drei Millionen Reichsmark vorhanden. Dazu kamen 400 000 Reichsmark aus dem Verkauf eines Grundstücks an der Dessauerstraße 2. Seine Töchter Susanne, Marie und Lili hatte Oscar Huldschinsky mit je einem Viertel, seinen Sohn Paul und seine Enkelinnen Marie-Anne und Anne-Marie mit je einem Sechstel eingesetzt. Bei Susanne, Paul und Lili sollten die Beträge, die sie bis Ende 1914 erhalten hatten, zur Hälfte von ihrem jeweiligen Erbteil von 50 000 Reichsmark abgesetzt werden. Der für seine Tochter Marie zum Ankauf von Baerfelde im Jahre 1909 gezahlte Betrag von 2,5 Millionen Reichsmark hätte nach dem Testament von 1926 von ihrem Erbe noch mit 1,1 Millionen Reichsmark abgesetzt werden sollen, infolge „der Entwertung von Baerfelde" sollten jedoch laut dem Nachtrag vom 24. Oktober 1930 „nur 750.000 Mark angerechnet werden". Außerdem vermachte Oscar Huldschinsky seinen fünfzehn Enkeln und Enkelinnen die von ihm „selbstgezeichnete eine Million Mark erbsteuerfreie 7% Deutsche Reichsanleihe von 1929, so dass auf jeden Enkel 66,666 2/3 Mark" entfielen.

⁜

Die Geburt seines 16. Enkelkindes am 27. Februar 1932 hat Oscar Huldschinsky nicht mehr erlebt. Paul und Ninis kleine Tochter wurde am 30. März protestantisch und auf den Namen Helene Christine Nadina Juliana Maria getauft.

Nini war 44 Jahre alt und Juliana ihr fünftes Kind. Eine Kinderschwester versorgte in der ersten Zeit den Säugling, und Johanna Storsberg, die vor Jahren Paul und Lellas Zwillinge und anschließend die vier Kinder von Lili und Ralph Leopold von Klemperer betreut hatte, kam zu ihnen in die Knesebeckstraße. Sie wurde Julianas über alles geliebte Kinderfrau Storsi.

In einem undatierten Brief – ungefähr ein Jahr nach Julianas Geburt und nach einem kurzen Treffen mit Rolf von Hoerschelmann – entschuldigt sich Paul Huldschinsky sehr zerknirscht auf der Zugrückfahrt bei seinem „Brüderlein":

„Es ging mir so nah, als ich gestern Abend sah, wie allein Du Dich fühlst u. was ich Schlechtes durch mein Nie-Schreiben angerichtet habe.

Trag es mir nicht nach. Nini u. ich haben so schwere, sorgenvolle, fast trostlose Monate hinter uns – wir sind grau u. zerquält geworden u. hatten für niemanden mehr den nötigen Go. Ich hab nun meine ganze Energie zusammen genommen u. seit 8 Tagen – in Verbindung mit dem neuen Auftrag – beschlossen, wieder zu ‚leben' u. alles wieder aufzunehmen […] bitte verstehe es, dass man mit Nini u. 7 Kindern u. Gitta u. Hertha Russ usw. in dieser Zeit in einen Zustand des ‚Es-nicht-mehr-schaffen-Könnens' kommt u. sich zu nichts mehr aufraffen kann. Und dieser Zustand war schuld an allem. Dabei habe ich – u. bin es mir stündlich bewusst – dieses große Glück, mit Nini leben zu können u. Juliänchen um mich zu haben, die durchs Zimmer tappelt u. aus allen Knopflöchern strahlt." Denken und Planen könne er „höchstens von einer Woche zur anderen".

Ab 1927 ist Paul Huldschinsky nur selten zum Schreiben gekommen. Er hat jede Menge Probleme, rafft sich immer wieder auf, will nicht resignieren, zwingt sich, nach vorne zu blicken. Auf Fotos jener Zeit kann man ihm von seinen Sorgen und seiner Anspannung nichts anmerken. Er wirkt wie eh und je unbeschwert, gibt sich lässig.

„Entspannt, elegant wie niemand sonst". So hat Wilhelm Speyer seinen „Holk" in „Charlott etwas verrückt" beschrieben. „Er hatte eine wunderbare Art, sich anzuziehen, elegant und ohne Konvention, er war mit den schönsten, bequem und breit geschnittenen Stoffen und Schuhen bekleidet, die ihm Berliner und Londoner Herren- und Hemdschneider und Schuhmacher herzustellen vermochten."

Paul Huldschinsky ließ es sich am liebsten gut gehen und wollte, dass es allen um ihn herum gleichfalls gut gehen sollte. Vor allem Nini sollte es an nichts fehlen. Auch wenn er es sich im Sommer 1932 vielleicht nicht leisten konnte, unternahm er trotzdem mit Nini, Ernst, Lorilott und Piet samt Hundeschar eine längere Italienreise inklusive Aufenthalt in einem Golfhotel in Campo. Die kleine Juliana hatten sie in der Obhut von Kinderfrau Storsi daheim gelassen. Auf dem Rückweg statteten sie seinem Freund, Max Reinhardt, einen Besuch auf dessen herrlichem Schloss Leopoldskron ab. Der Theaterregisseur hatte dieses Barock-Juwel in der Nähe von Salzburg 1919 erworben und empfing dort sehr gerne viele Gäste.

⁂

Nini und Juliana beim Frühstück, 1932

„Storsi“, Zeichnung von Paul Huldschinsky, 1932

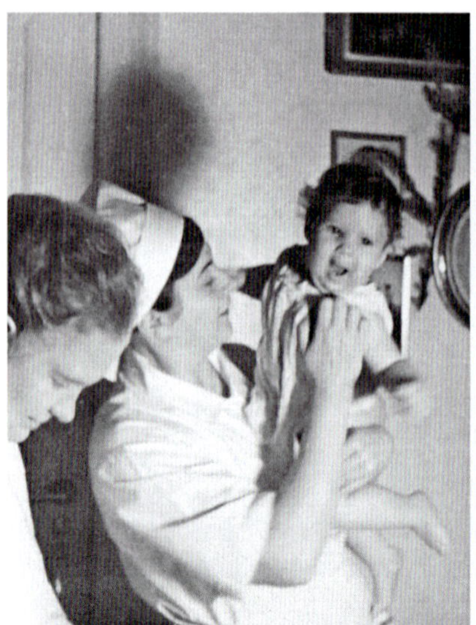

Juliana Huldschinsky mit Kinderschwester und Kinderfrau Johanna Storsberg

Paul Huldschinsky und Juliana, um 1932

Paul Huldschinsky, o. J.

Paul Huldschinsky mit den Zwillingen bei der Hochzeit von Minzes Tochter und Pauls Nichte Marie-Luise Friedheim mit Eberhard Strandes in Baerfelde, 1933

Am 10. Februar 1933 starb Carl Fürstenberg im Alter von 83 Jahren. Im Juni 1934 berichtet Nini ihrem „liebsten Hoerschelchen", dass sie sich mit Juliänchen und Annemie „von der scheußlichen Bauerei in unserer Wohnung" bei ihrer Freundin Gerda Blumenthal in Deutsch Puddiger (damals Pommern, heute Polen) erhole. Vermutlich hatte Paul Huldschinsky nach einiger Zeit in der Knesebeckstraße 58 festgestellt, dass die Wohnsituation nicht so ganz seinen Vorstellungen entsprach und dementsprechende Umbauten vornehmen lassen. Nini klingt bekümmert: „Dem Glori ging es jetzt immer sehr gut, das heißt, er war so vergnügt und ruhig; jetzt fing er wieder an, sich große Sorgen zu machen und sieht keine rechten Zukunftsmöglichkeiten."

Paul und Nini Huldschinsky in Campo, 1932

Zu Besuch bei Max Reinhardt auf Schloss Leopoldskron

Doch nicht nur Baulärm und Bauschmutz hatten Nini Nerven gekostet, offensichtlich auch Jannies Hochzeit. Mit dem Brautpaar habe sie bis kurz vorher, wie sie es nennt, „ein rechtes Gefrett" gehabt. Jannie schreibt dazu in ihren Erinnerungen, es sei damals alles sehr schnell gegangen, vielleicht zu schnell. Im Februar hatte ihre Cousine, Susannes Tochter Moppi, sie zu einer Filmpremiere mitgenommen, und Moppis Ehemann, der Filmkomponist Hans Sommer, hatte sie mit einem sehr selbstbewusst auftretenden und gut aussehenden Mann bekannt gemacht, Frederik Strengholt. Als junger Mann hatte er, in Groningen (Niederlande) geboren, zusammen mit seiner Mutter ein kleines Kino betrieben und sich bis zum Generalvertreter von Metro-Goldwyn für Nordeuropa hochgearbeitet. Frederik Strengholt war zwölf Jahre älter als Jannie. Bereits bei einer nächsten Verabredung, schreibt Jannie, habe Frederik von Heirat und Kindern gesprochen. „Ich wusste, glaube ich, im Grunde meines Herzens, dass ich nicht reif für diese Ehe war, dass Frederik ein Fremder war." Sie war 21 Jahre alt und hatte – gegen den Willen von Lella – angefangen, Kunstgeschichte zu studieren. Frederik aber sei „es gewohnt gewesen, seinen Willen durchzusetzen". Niemand habe damals ihre Zweifel ernst genommen, ihre Zögerlichkeit verstanden. Alle hätten sie beneidet und ihr zugeredet. Nur einige Monate später im Mai hatte die Hochzeit stattgefunden.

„Es wurde ein großes Hochzeitsfest veranstaltet. Ich weiß nichts mehr davon. Eben so wenig wie von unserer Hochzeitsreise nach Rom." Der Polterabend hatte auf Schloss Golm am Großen Zernsee bei Potsdam stattgefunden, einem seinerzeit beliebten Hotel vieler Ufa-Stars. Nini hatte alle Beziehungen bis zum Sekretär des Bischofs spielen lassen, da Frederik geschieden und nicht getauft war, damit das Paar schließlich in St. Ludwig getraut werden konnte. Gefeiert wurde im Hotel Adlon mit mehr als hundert Gästen, worunter sich auch Film-Prominenz wie Hans Albers befand. Ihre Hochzeitsreise sei nach Rom gegangen, weil dort die Fußballweltmeisterschaft stattfand und Frederik einen neuen Filialleiter treffen wollte. Auch dabei wäre alles nach seinem Willen gegangen.

Hochzeit von Jannie Huldschinsky und Frederik Strengholt, 1934

Schon bald sollte es in der Familie eine weitere Hochzeit geben. Auf dem Polterabend ihrer Schwester hatte Annemie den Pressechef von Frederik, Sixtus Fuehr, kennengelernt. Nach Jannies Beschreibung ein „sehr langer, schlanker, blonder Mann mit Schnurrbart, der Typ eines Diplomaten. Er war höflich, gebildet, vornehm und ungeeignet für die Geschäftswelt und das harte Leben. Sein Vater war deutscher Konsul in Japan gewesen, und Sixtus war in Tokio geboren. Eigentlich hieß er Siegfried, denn die ganze Familie war Wagner-Fan. Sixtus kannte mehrere Wagner-Opern auswendig, und manchmal dirigierte er sie vor dem Radio stehend mit. Sein jüngster Bruder Bubi hatte mit fünfundzwanzig noch ein rundes Kindergesicht, aber eine tiefe Bassstimme und sang den Wotan in der ‚Walküre'."

Der zwischen ihnen „übergesprungene Funke" wurde von Sixtus und Annemie zunächst geheim gehalten. Sie trafen sich bei Filmaufführungen, bei denen Sixtus berufsbedingt anwesend sein musste. Da Annemie als passionierte Filmbesucherin galt, war es nicht weiter auffällig. Bald wurden Paul Huldschinsky und Nini eingeweiht, die nichts gegen Sixtus einzuwenden hatten und ihn in der Knesebeckstraße willkommen hießen. Hingegen bei Frederik Strengholt und Lella stieß ihre Beziehung auf erbitterten Widerstand. Es habe Frederik erbost, schreibt Sixtus Fuehr in seinen Erinnerungen, dass er als „sein employee so unverfroren in seine hohe Familiensphäre eindrang". Anfangs habe Strengholt versucht, die leidige Angelegenheit mit allen Mitteln im Keim zu ersticken, indem er ihn auf Reisen schickte. „Ja, mir wurde sogar mit Entlassung gedroht, falls irgendetwas von der Geschichte an die Öffentlichkeit gelangen würde." Und Lella, so vermutete Sixtus, wäre „ein wohlsituierter Graf als Schwiegersohn weit angenehmer gewesen, mit dem sie dann den nötigen Staat hätte machen können".

Mutig beschlossen er und Annemie, sich still und heimlich trauen zu lassen. Außer Bubi, dem jüngeren Bruder von Sixtus, der später unter seinem Künstlernamen Carlos Alexander als dramatischer Bariton in den USA, Mittel- und Südamerika große Erfolge feiern sollte, waren nur Paul und Nini bei der Trauung am 22. November 1934 am Standesamt in der Rankestraße anwesend. Neben den obligaten Winterhilfelosen, die sie kaufen mussten, habe man ihnen „als Morgengabe ein Sippenbuch sowie das Geschenk der Stadt Berlin von RM 5.- auf die Stadtsparkasse" für ihren Erstgeborenen überreicht.

Nachdem Annemie am 22. Dezember zum katholischen Glauben konvertiert war, konnte das glückselige Brautpaar am 29. Dezember 1934 in einer von zwei Schimmeln gezogenen Hochzeitskutsche zur kirchlichen Trauung in St. Ludwig fahren.

Ein anschließender Empfang der Gäste fand in der Knesebeckstraße statt, und zur freudigen Überraschung des Brautpaars hatte Paul Huldschinsky ein Salonorchester engagiert. Am Abend wurde für die engste Familie, wozu auch die Familie Laeisz aus Hamburg gehörte, ein sechsgängiges Hochzeitsmahl serviert. Ein Wermutstropfen für Sixtus war, dass seine Mutter, die ihre Schwiegertochter Annemie ins Herz geschlossen hatte, der Hochzeit nicht beiwohnen durfte. Sixtus' Vater hatte es seiner Frau verboten, da er Annemie wegen ihrer jüdischen Herkunft ablehnte. Trotzdem war es für Sixtus einer der „schönsten Abende, den wir in der Knesebeckstraße erleben durften". Die Frischvermählten ließen sich ihr Glück auch nicht trüben, als Sixtus zum Jahresende von Frederik Strengholt die Kündigung erhielt und damit arbeitslos war. Mit der ihm eigenen Großzügigkeit sprang Paul auch hier ein und quartierte das junge Paar im Hotel Roxy am Kurfürstendamm ein, bis man für sie eine bezahlbare Wohnung und für Sixtus eine Stelle bei einer Versicherung gefunden hatte.

Hochzeit von Annemie Huldschinsky und Sixtus Fuehr, 1934

※

Hat Paul Huldschinsky wie viele andere geglaubt oder glauben wollen, dass der Nationalsozialismus ein Spuk und Hitler ein Gespenst sei, das bald wieder verschwinden und die politische Vernunft sich durchsetzen würde? Hat er sich lange Zeit wie andere lustig gemacht über diesen österreichischen Gernegroß? Eine Bekannte sei bei einem Abendessen in der Knesebeckstraße am 30. Juni 1934, schreibt Sixtus Fuehr, „über den politischen Freimut in der Familie Huldschinsky außerordentlich erschrocken" gewesen. Paul, Nini, ihre Geschwister und Kinder waren getauft. Sie sahen und identifizierten sich nicht als Juden. Was sollte man ihnen anhaben wollen?

Im Mai 1935 schreibt Paul Huldschinsky an Hoerschelmann: „Bei uns zu Hause ist es schön und friedlich wie immer – alles andere ist grauslich." Das hört sich an, als habe er sich inzwischen keine Illusionen mehr gemacht. Er hatte einen Brief mit seinem Ausschluss aus der Reichskulturkammer erhalten und mutmaßt, dass man ihn bislang als ehemaligen Kriegsteilnehmer dort „stillschweigend geduldet" hatte. Außerdem war ihnen ihre Wohnung zum Oktober vom Hausbesitzer, einer NSDAP-Bank, gekündigt worden – „kurz und gut: wir fliegen auf". Eine seltsame Redewendung, die er da gewählt hat. Wann fliegt man auf? Wenn man bis dahin unentdeckt geblieben war? Wenn man nicht aufgefallen war? Mitmenschen, die sich ihm gegenüber distanziert oder ablehnend verhalten hatten, wird auch Paul Huldschinsky begegnet sein. Gerade erst hatte er erleben müssen, dass seine Tochter Annemie von ihrem Schwiegervater nicht akzeptiert wurde. Jetzt drückte man ihnen offiziell den Stempel auf und mit jedem Tag machte man ihnen das Leben schwerer.

Der Ausschluss aus der Reichskulturkammer bedeutete für Paul Huldschinsky faktisch ein Berufsverbot in Deutschland. Er beschließt, es in England zu versuchen und gegebenenfalls mit der Familie überzusiedeln. Nini will er gleich nach London mitnehmen, „damit sie sich dort alles ansieht. Wir fahren am Montag zu Laeiszens nach Hamburg und von dort aus am 30ten mit dem Dampfer nach L[ondon] und nehmen Storsi und Juliänchen mit. Lorilott, die mit Zangberg [eine von den Salesianerinnen geführte Höhere Töchterschule mit Internat] ‚fertig' ist, bleibt in Hamburg,

Juliana Huldschinsky mit ihrer Kinderfrau Storsi in Kensington Gardens, 1935

Ernstl bleibt mit Max [Wiedmann] in Berlin, so lange er noch bei Graupe [Galerie Paul Graupe] gebraucht wird, und wir wollen einmal erst bis Mitte Juli etwa in London bleiben."

Drei Monate später, am 12. August 1935, hat er für Hoerschelmann nur eine einzige erfreuliche Nachricht. Er war Großvater geworden von Jannies kleiner Hendriekje. Ansonsten sieht es düster aus:

„Wir waren mit Storsi und Juliänchen bis zum 20. Juli in London, bei großer Hitze in einem kleinen schmutzigen, englischen Hotel, von dem aus London anders aussieht, als vom Hotel Ritz. Trotzdem waren wir sehr glücklich dort, haben viele Menschen kennen gelernt, viele interessante Sachen gesehen und uns an der freien Luft gefreut. Direkte Aussichten für mich haben sich noch nicht ergeben, aber da die Engländer nicht nur reich sind sondern auch (im Gegensatz zu den Franzosen) brennend gerne Geld ausgeben, so ist dort – wohl als einzige Stadt auf der Welt – die Möglichkeit für jedes Verdienen gegeben. Man muss nur, um in London etwas verdienen zu können, mindestens mit einer Zeit von 8–12 Monaten rechnen, in denen man nicht in einem Hotel sondern in einer hübschen Wohnung wohnen und so tun muss, als ob es einem sehr gut geht, – und wie das rein technisch zu bewerkstelligen ist, das ist die große Frage. Vor zwölf Monaten kann man auf keinen Fall in London auf einen Verdienst rechnen. Es ist eine schwere Arbeit und die Stadt London ist in keiner Weise so beschwingt wie Paris, Rom oder Wien. Aber da ich vollkommen auf Verdienen angewiesen bin, werde ich allen Schwierigkeiten zum Trotz wohl doch in diese saure Stadt beißen müssen."

Ende August feiern sie mit Ninis Kindern Abschied von der schönen Wohnung in der Knesebeckstraße, die sie ab 1. September räumen müssen. Nachdem sich sein Plan, mit der Familie nach London zu gehen, zerschlagen hat, muss Paul Huldschinsky eine neue Wohnung in Berlin finden. Doch das wird immer schwieriger. Außerdem nehmen Krawalle, antijüdische Kundgebungen und Übergriffe täglich zu. Er will Nini und ihre Kinder davor schützen und hat beschlossen, „Nini mit allen Kindern in ein Schweizer Berghotel zu verfrachten, das uns einen lächerlich billigen Pauschalpreis gemacht hat. Der Ort heißt Samnaun und liegt 1800m hoch – als Erholung für das vergangene Jahr und als Stärkung für das nächste. Dort möchte ich die Familie den ganzen September über lassen, bis sie sich dann wieder in alle Winde verstreut. Ich werde in der Zeit mit Hilfe von Storsi und Mäxle [Max Wiedmann] die Wohnung verpacken, den größten Teil aufspeichern und mit dem andern Teil eine kleine billige Wohnung einrichten. So ist wenigstens bis heute der Plan. Gefunden habe ich noch nichts – die Zeit drängt und macht uns ein bisschen nervös."

※

Vom 27. August an und den ganzen September verbringt Nini mit Ernst, Lorilott, Piet und Juliana in Samnaun im Engadin. Andrej besucht noch die Schule im Internat Neubeuern. Obwohl es fast die ganze Zeit regnet und kalt ist, wie Nini ihrem „liebsten Hoerschelchen" am 29. September 1935 schreibt, „geht es mir so gut, dass ich kaum in die Zukunft blicke und eigentlich nur glücklich bin; ich genieße jeden Tag so quasi von A bis Z".

In den letzten Septembertagen kommt Paul sehr erschöpft nach Samnaun. Nini macht sich große Sorgen. Hoerschelmann könne sich nicht vorstellen, „wie ununterbrochen er unter allem leidet. Ich weiß manchmal gar nicht mehr, was ich tun soll, um ihn ein bisschen froh zu machen." Am 15. September 1935 waren die „Nürnberger Rassengesetze" einstimmig vom Reichstag angenommen worden.

In Samnaun war es Nini so gut ergangen wie lange nicht. Nach ihrer Rückkehr kommt in Berlin Annemies und Sixtus' Sohn Michael zur Welt, und selbst Lella, „Annemies kränkliche Mutter", schreibt Sixtus, habe es sich nicht nehmen lassen, „den jüngsten Erdenbürger wenige Stunden nach der Geburt in Augenschein zu nehmen".

Ernst, Lorilott, Juliana auf Ninis Arm und Piet in Samnaun, 1935

※

Im Jahr darauf befällt Nini eine rätselhafte Augenkrankheit. Sie leidet unter einem ständigen Augenflimmern, wie Paul verzweifelt am 2. Mai 1936 Hoerschelmann berichtet. Sie liege seit Wochen völlig apathisch danieder in ihrer neuen Wohnung in der Kurfürstenstraße 53, die natürlich nicht so klein und billig ausgefallen war, wie er angekündigt hatte. Man gehe von „einer Art Tropenkrankheit aus, die sie mitgebracht habe, die aber unterdessen lange überwunden ist – übrig geblieben ist aber ein total geschwächter Organismus". Zu allem Pech könne er nicht bei ihr sein, weil er einen Auftrag in London angenommen habe. Er bittet Hoerschelmann, ihr etwas Lustiges zu schreiben – „sie lacht so gerne, wenn es geht. Noch nie war mein Leben so freudlos. Na, tausenden von Menschen gehts – weiß Gott – schlechter als mir. Ich habe dir das alles erzählt, nicht um zu klagen, sondern um Dir zu berichten."

Mitte Juni 1936 schreibt Paul Huldschinsky wieder an Hoerschelmann, dieses Mal aus St. Moritz-Dorf. Die Ärzte hätten Nini Höhenluft verordnet, und deshalb habe er sie schon vor einiger Zeit in St. Moritz-Dorf in einer Pension einquartiert. Ernst, Lorilott und Juliana mit Storsi waren mit ihr dort. Er ist aus London für ein paar Tage zu ihnen gefahren.

Noch gebe es keine Besserung. „Sie sieht schlecht, kann nicht schreiben, nicht lesen, nicht stricken." Sie so leiden zu sehen und nicht helfen zu können, sei schrecklich. Seine Auftragsarbeit in London gehe dem Ende entgegen. Gleich anschließend habe er einen Auftrag in Wassenaar bei Den Haag angenommen. Dort soll er ein Haus für den Wirtschaftsmanager und Politiker Sidney James van den Bergh einrichten.

Als im August 1936 in Berlin die Olympischen Spiele stattfinden und niemand von der Familie in der Kurfürstenstraße wohnt, vermietet Paul sie für die Dauer der Spiele an die brasilianische Basketballmannschaft. „Für sehr viel Geld", wie Jannie schreibt. „Jeder erklärte ihn für verrückt. So eine schöne Wohnung mit so vielen wertvollen und feinen Möbeln, Gemälden und Kleinigkeiten. Eine Verwüstung würde es werden – diese Menschen wären Wilde." Aller Unkerei zum Trotz habe ihr Vater am Ende die Wohnung nicht nur vollkommen unverändert, sondern auch sehr sauber und voller Blumen vorgefunden. Viele hofften damals auf eine politische Wende, nachdem die Spiele für die Welt geöffnet und in alle Welt vom Rundfunk übertragen worden waren. Das Fernsehen hatte dabei seine Premiere gefeiert.

※

Monatelang scheint Paul Huldschinsky nicht zum Schreiben gekommen zu sein. Mit einer Entschuldigung beginnt sein Brief vom 11. Mai 1937 an Hoerschelmann. Zum ersten Mal seit zwölf Monaten hatte Nini eine gesundheitliche Besserung verspürt. Nach einem Kurzurlaub in Meran waren sie für einige Tage in Venedig bei Karl Vollmoeller im Palazzo Vendramin am Canale Grande gewesen, den dieser seit 1919 gepachtet hatte und wo er wohnte, wenn er sich nicht gerade in New York oder zu Filmarbeiten in Hollywood aufhielt. Diesen Abstecher hätten sie „hauptsächlich Hollywoods wegen" gemacht. Nun habe er vor, „unbedingt baldigst" nach Amerika zu fahren und sich New York und Hollywood anzusehen. Hoerschelmann könne sich vorstellen, „was dieser Entschluss für Schwierigkeiten äußerer und innerer Art mit sich bringt. Ob und wie ich es schaffen werde, ist noch nicht heraus." Einige von Paul Huldschinskys Freunden und Bekannten hatten Berlin und Deutschland bereits verlassen. Seine Schwester Lili wanderte mit ihrer Familie am 1. Juni 1937 nach Südafrika aus.

Es gab Straßenkämpfe, Luftschutzübungen, stockdustere Nächte ohne Licht. Die Ausgrenzung und feindselige Angriffe auf politisch unliebsame und jüdische Bürgerinnen und Bürger nahmen täglich zu. „Glori beim Lesen von Greuelnachrichten" hat Nini unter das Foto geschrieben. Hatten sich die Furchen in Paul Huldschinskys Gesicht, die Wilhelm Speyer bei seinem Holk in „Charlott etwas verrückt" so eindrücklich und vieldeutig beschrieben hat, in den vergangenen Jahren noch tiefer eingegraben? Es „stürzten auf jeder Wange zwei tiefe, unten sich schneidende Furchen, die eine von den Wurzeln der Nasenflügel aus, die andere von den Schläfen bis zum Kinn hinunter. Deuteten sie auf Unheil? Waren es vier Betten von Tränenbächen? Sprachen sie von einem persönlichen Gram? Oder waren es die Rasseleidenszeichen einer alten Familie?"

Paul Huldschinsky „beim Lesen von Greuelnachrichten", 1934

Paul Huldschinsky scheint, wenn die existenziellen Sorgen ihn zu erdrücken drohten und die Schwierigkeiten im Alltag überhandnahmen, verstummt zu sein. Nini nenne ihn einen „schweigsamen Stockfisch", schreibt er an Rolf von Hoerschelmann. Zu seiner Erleichterung wären Ninis Kinder für die nächste Zeit erst einmal sicher untergebracht. Ernst lebe und arbeite bei Laeisz in Hamburg, Piet mache eine Ausbildung bei der Marine und Lorilott lerne in der Nähe von Montreux in einem Mädchenpensionat Französisch und Kochen. Andrej, der in Neubeuern das zweitbeste Abitur gemacht habe, wohne zurzeit noch bei ihnen und wolle Fotograf werden.

Paul Huldschinsky macht wahr, was er im Mai an Hoerschelmann geschrieben hatte. Er macht sich nichts vor. Der Wettlauf mit der Zeit hatte auch für ihn und seine Familie begonnen. Im November 1937 reist er in Begleitung von Nini, Ernst, Annemie und Sixtus in die USA. Über den Verlauf und den Aufenthalt erfahren wir nur stichwortartige Details, die Sixtus Fuehr in einer „Zeittafel" als tägliche Ereignisse bzw. Unternehmungen notiert hat. Demnach fuhren am 4. November 1937 Sixtus und Annemie zusammen mit Nini und Ernst im Schlafwagen zunächst nach Den Haag, wo Paul sie in Empfang nahm und wo sie von seinem Auftraggeber Sidney James van den Bergh zum Lunch eingeladen wurden. Noch am selben Tag ging es weiter nach Rotterdam, wo sie an Bord der SS Veendam kurz nach Mitternacht ab- und am 16. November um 8.30 Uhr in New York anlegten. Es war der zweite Aufenthalt von Sixtus und Annemie in New York. Im Mai 1935 hatte ein Freund seine Schiffspassage an sie abgetreten gehabt und sie hatten zwei Wochen lang „die Metropole der neuen Welt", wie Sixtus schreibt, mit ihren Bars, Jazzclubs, Kinos erkundet. Nach ihrer Ankunft am 16. November sehen sich die beiden Cineasten als Erstes den neuesten Film „Angel" von Ernst Lubitsch mit Marlene Dietrich und Herbert Marshall an und an den folgenden Tagen insgesamt mehr als zwanzig weitere Filme, an manchen Tagen zwei. An den Abenden besuchen sie Jazzclubs wie den „Cotton Club", wo Cab Calloway auftritt, oder erleben Benny Goodman im Hotel Pennsylvania und Jimmy Dorsey im Hotel Commodore mit ihren Orchestern. Dass Nini, Paul und Ernst diesen Kino-Marathon mitgemacht haben, ist eher unwahrscheinlich. Nur am 22. November heißt es „mit Hulle u. Nini". Da haben sie wohl zusammen am Abend im legendären „Rainbowroom" im 65. Stock des Rockefeller Centers gespeist und zu den Klängen von Al Donahue und seinem Orchester getanzt. Sixtus' Zeittafel endet mit dem Eintrag: „1. Dezember, 11 Uhr Abfahrt SS Veendam mit Nini H.".

Entweder war Paul Huldschinsky schon vor oder erst nach Ninis Abreise nach Kalifornien und Hollywood gefahren, möglicherweise in Begleitung von Ernst. Vier Tage dauerte damals die Zugreise quer durch den

Kontinent. In seinem Nachlass fand sich ein Schreiben vom 21. Dezember 1937 auf dem Briefpapier des Hotel Gladstone in New York. In etwas unbeholfenem Englisch lässt er eine Mrs. Rumbolt wissen, wie glücklich er sich schätze, vor seiner Abreise noch ihr hübsches Haus und den schönen Garten gesehen zu haben, und er hoffe, im Frühjahr wieder in Hollywood zu sein. Er sei so frei und lege seinem Schreiben eine Auswahl von Beispielen seiner Arbeit bei in der Hoffnung, dass Mrs. Rumbolt diese interessant finden möge. Wie aus seinen vorliegenden Ausreisepapieren hervorgeht, ist er am 23. Dezember in New York abgereist und am 29. Dezember 1937 auf der SS Aquitania in Southampton angekommen.

Am 18. Februar 1938 berichtet er Erika Landsberg (Wilhelm Speyers „Charlott") von seinem Aufenthalt in Kalifornien und Hollywood, wo er ihren Ex-Ehemann Theo Simon getroffen habe. Theo, der seit sieben Jahren sein Glück in Amerika versuchte, gehe es „sehr schlecht, habe nur Schulden, keinen Pfennig Geld" und wolle am liebsten nach Deutschland zurück. „Mir hat, im Gegensatz zu Theo, Hollywood und das ganze Kalifornien ausnehmend gut gefallen: ich möchte gerne mit Nini und den beiden Töchtern (17-jährig und 5-jährig) dorthin ziehen und bereite diesen Umzug langsam und stetig vor. Nini und den Kindern geht es gut und alles übrige interessiert mich nicht sehr."

Theo Simons schlechte Erfahrungen schreckten ihn nicht ab. Sein Entschluss, mit Nini, Lorilott und Juliana in die USA zu emigrieren, stand fest. Was um ihn herum geschah, interessierte ihn „nicht sehr" oder nicht mehr. Kein leichtes Unterfangen sollte es allerdings für ihn sein, Nini zu überzeugen.

※

Im April starb Max Wiedmann laut Sixtus Fuehr sehr plötzlich an einer schweren Lungenentzündung. Danach überstürzten sich die Ereignisse. „Ende April hieß es Abschied nehmen von der wunderschönen Wohnung der Eltern in der Kurfürstenstraße, wohin der Reichsjugendführer [Baldur von Schirach] seine Diensträume nach vollzogenem Umbau" verlegen sollte. „Die Möbel wurden verpackt, bis sie in Los Angeles zu neuer Pracht erstrahlen sollten."

Nach einer sehr langen Schreibpause berichtet Paul Huldschinsky am 25. Mai 1938 Rolf von Hoerschelmann: „Das Verpacken der Wohnung war greulich – nun ist alles überstanden. Juliänchen und Storsi, die ich in Hamburg untergebracht hatte, fahren morgen von dort aus nach Garmisch. Nini und Lorilott fahren am Sonntagabend, so dass am Sonntag der weibliche Teil der Familie wenigstens wieder versammelt ist. Nini hat eine Erholung so nötig wie noch nie: seit Maxens Tod hat es ein bisschen sehr arg auf sie herabgeprasselt. Hoffentlich wird sie es schön in Garmisch haben." Soweit sich Juliana, die damals sechs Jahre alt war, erinnern kann, habe ihr Vater sie in Partenkirchen im „Hotel Drei Mohren" einquartiert. Möglicherweise habe er für Nini falsche Papiere besorgen können, denn Garmisch-Partenkirchen hatte schon früh von sich als „judenfreiem" Fremdenverkehrsort reden gemacht. Für die Zeit der Olympischen Winterspiele 1936 waren zwar auf Anweisung von oben alle Schilder, Tafeln und Transparente mit der Aufschrift „Juden sind hier unerwünscht" abgenommen worden, um jeden Anschein von Antisemitismus zu vermeiden. Doch schon bald danach hatten erneut die Schikanen gegen jüdische Gäste und Bürger begonnen. Eine gewichtige Rolle soll dabei der in München geborene, 27-jährige, vom Karteischreiber zum Gaustabsführer aufgestiegene Johann Hausböck gespielt haben. Am 18. Februar 1938 rief er im Olympia-Festsaal zu einer Volkskundgebung unter dem Motto „Fremdensaison ohne Juden" auf und gab die Anordnung aus, „Judenabwehrschilder" so anzubringen, dass sie sofort ins Auge fielen.

Juliana Huldschinsky in der Garmischer Schule, 1938

Juliana besuchte jedenfalls, nachdem sie im Februar in Berlin eingeschult worden war, laut Schulleitung vom 1. Mai bis 1. November 1938, die erste Klasse in Garmisch-Partenkirchen.

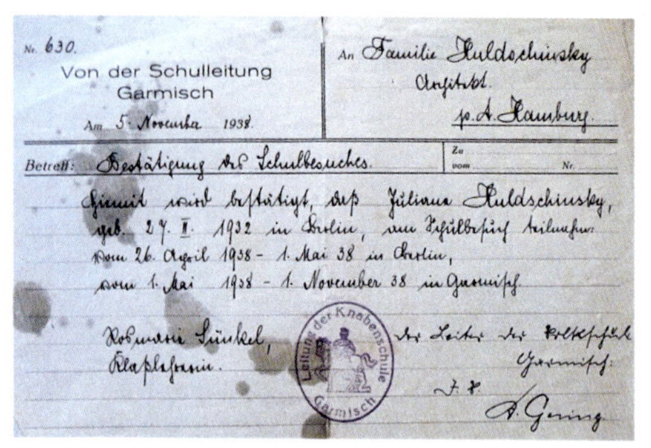

Nr. 630.

Von der Schulleitung Garmisch

Am 5. November 1938.

An Familie Huldschinsky Architekt. p. A. Hamburg

Betreff: Bestätigung des Schulbesuches.

Hiermit wird bestätigt, daß Juliana Huldschinsky, geb. 27. II. 1932 in Berlin, am Schulbesuch teilnahm: vom 26. April 1938 – 1. Mai 38 in Berlin, vom 1. Mai 1938 – 1. November 38 in Garmisch.

Rosemarie Sünkel, Klaßlehrerin.

Leitung der Knabenschule Garmisch

Der Leiter der Volksschule Garmisch: I. V. A. Gering

Einschulungspapier von Juliana, 1938

Ein-, zweimal fährt Paul zu seiner Familie nach Garmisch, höchstens für zwei Tage – „ein entsetzlich kurzes Glück, aber immerhin Glück", schreibt er an Hoerschelmann am 29. August 1938. Es bedeutete für ihn jedes Mal eine lange Zugfahrt von Köln aus, wo er einen beruflichen Endspurt hinlegte, eine Auftragsarbeit für Baron Friedrich Carl von Oppenheim. Dieser war ein entfernter Nachkomme des deutsch-jüdischen Bankiers Salomon Oppenheim und gehört seit 1996 aufgrund seines Einsatzes zur Rettung von Jüdinnen und Juden zu den „Gerechten unter den Völkern" von Yad Vashem. Außerdem müsse Paul von Köln aus, erklärt Nini in ihrem Brief an Rolf von Hoerschelmann, „immer auf zwei Tage wegen Steuern nach Berlin" fahren. Vermutlich handelte es sich dabei um Sicherheitszahlungen, die bei Verdacht auf Ausreiseabsicht von den Devisenstellen der Finanzämter in Höhe der geschätzten „Reichsfluchtsteuer" gefordert wurden. Mit der Kündigung ihrer Wohnung, der Unterbringung von Nini, Juliana mit Storsi in Garmisch-Partenkirchen, der Räumung der Wohnung, Verfrachtung ihres Mobiliars und Erfüllung von Aufträgen scheint Paul Huldschinsky damals nur noch mechanisch funktioniert zu haben.

Während ihres Aufenthalts in Garmisch-Partenkirchen vertraut Nini in einem Brief Hoerschelmann an, wie unglücklich und tieftraurig sie über ihre bevorstehende Ausreise sei: „In meiner Lade liegen unsere Pässe, beladen mit gewichtigen amerikanischen Siegeln und nun scheint alles bereit zu sein. Viele beneiden uns, sicher mit Recht, um die Pässe; aber dir kann ich ja getrost sagen, dass mich der Gedanke, die leider so innig geliebte Heimat verlassen zu müssen, manchmal sehr sehr traurig macht. Besonders wenn ich über so wellige grüne Halden gehe, die es nirgends gibt und die für mich nicht mit Palmen und ewigem Sommer zu ersetzen sind. Ich weiß all die Vorteile im Ausland, Hoerschl, ich sag sie mir täglich vor und trotzdem ist es mir furchtbar schwer ums Herz, wenn ich an den Abschied denke. Aber es ist ja auch kein Wunder, dass es so ist; und man müsste vielleicht ein bisschen jünger sein und eben nicht so dumm an allem hängen."

Nicht nur die von Nini erwähnten Pässe hatte Paul Huldschinsky für sie alle beschaffen müssen. Um Deutschland verlassen und zu einem Abfahrtshafen reisen zu können, mussten zahlreiche Dokumente vorliegen. Die Antragsteller mussten sich zunächst beim Konsulat registrieren lassen und wurden auf eine Warteliste gesetzt. Zu den erforderlichen Papieren für ein Visum gehörten Identitätsnachweise, polizeiliche Führungszeugnisse, Gesundheitszeugnisse, Ausreise- und Durchreiseerlaubnisse, eine eidesstattliche Erklärung zur Bescheinigung der finanziellen Unabhängigkeit bzw. ein Affidavit und gültige Tickets für die Überfahrt mit dem Schiff. Viele dieser Papiere, so auch das Visum selbst, unterlagen einem Ablaufdatum. Es mussten also alle Unterlagen gleichzeitig vorhanden sein. Irgendwie scheint Paul Huldschinsky das alles neben seiner letzten beruflichen Auftragsarbeit in Köln geschafft zu haben. Und wieviel gutes Zureden mag es ihn außerdem gekostet haben, Nini zu überzeugen? Es war schwer für sie, musste sie sich doch von ihren Söhnen, die nach Julianas Erinnerung keine Ausreisepapiere erhalten hatten, sowie auch von ihrer Schwester Franzi und deren Familie trennen.

Am 24. Oktober 1938 lässt Paul Huldschinsky Hoerschelmann wissen, dass er am 3. November Nini in Berlin treffen werde, um die letzten Reste zu verpacken. Für Ende November sei ihre Abreise geplant. Lakonisch beendet er seinen Brief: „Jetzt muss es ernst werden – Jehova sei unseren armen Seelen gnädig."

※

Am Morgen des 7. November 1938 verübt in Paris ein Siebzehnjähriger eine schreckliche Tat. Briefe seines Vaters hatten ihn benachrichtigt, Zeitungen hatten darüber geschrieben. Mehr als 15 000 polnische Juden und auch seine Eltern waren gefangen genommen, nach Polen deportiert und interniert worden. Herschel Grynszpan, in Deutschland aufgewachsen, polnischer Nationalität, nach Frankreich geflohen, dort ausgewiesen und von einer alten Tante versteckt gehalten, begeht eine Wahnsinnstat. „Er schießt den ersten beliebigen Nationalsozialisten nieder, der ihm in den Weg kommt. Das Opfer ist der dreissigjährige Botschaftssekretär an der deutschen Botschaft zu Paris, Ernst vom Rath. Grynszpan hat sich heimlich von zu Hause weggestohlen, Onkel und Tante in einem hinterlassenen Brief mit mysteriösen Worten irregeführt, einen billigen Revolver gekauft, ist dann auf die deutsche Botschaft gegangen und hat dort den ersten besten Beamten erschossen, zu dem er vorgelassen wurde." So hat der Münchner Journalist Konrad Heiden „die Tat eines fassungslosen Siebzehnjährigen, eines verirrten Kindes dieser Zeit, in der der Mord regiert", beschrieben. Als der Diplomat zwei Tage später seinen Verletzungen erlag, war das der willkommene Anlass für eine gut vorbereitete und gesteuerte Aktion von NSDAP und SS. In einem geheimen Fernschreiben der Gestapo-Zentrale in Berlin, das in der Nacht des 9. November an alle Staatspolizeidienststellen im Deutschen Reich gesandt wurde, hieß es: „Es ist vorzubereiten die Festnahme von etwa 20 bis 30.000 Juden im Reiche. Es sind auszuwählen vor allem vermögende Juden." Am Morgen des 10. November brannten in ganz Deutschland die Synagogen. Die Feuerwehr durfte nur eingreifen, wenn die Flammen auf benachbarte Gebäude überzuschlagen drohten. Tausende Wohnungen sowie Geschäfte jüdischer Bürger wurden im Laufe des Tages verwüstet, mehrere hundert Juden ermordet oder in den Tod getrieben, etwa 40 000 männliche Juden verhaftet. In einem Zeitungsbericht am nächsten Morgen stand zu lesen, man habe die jüdischen Männer in „Schutzhaft" nehmen müssen, „um sie vor der Wut des Volkes zu schützen". 30 000 wurden nach Dachau, Buchenwald und Sachsenhausen deportiert. „Der Fall Grünspan" war am 12. November der Aufmacher auf der Titelseite des *Völkischen Beobachters*, in dem Goebbels schrieb: „Es kann keinem Zweifel unterliegen, dass er von einer jüdischen Organisation versteckt und auf diese zynische Mordtat systematisch vorbereitet worden ist."

Laut Auskunft der Gedenkstätte Sachsenhausen wurde auch Paul Huldschinsky im Zuge jener Massenverhaftungen ins KZ Sachsenhausen eingeliefert. Es war nicht in Erfahrung zu bringen, wo er sich am 3. November mit Nini, Juliana, Storsi und Lorilott in Berlin getroffen hat, wie er

Hoerschelmann hatte wissen lassen. Wurde er im Hotel Roxy am Kurfürstendamm, wo er nach der Kündigung der Wohnung in der Kurfürstenstraße manchmal genächtigt hat, oder auf offener Straße verhaftet? Was mit ihm damals geschehen ist, bis zu seiner Entlassung aus dem KZ, darüber hat Paul Huldschinsky zeitlebens geschwiegen.

Wenn man es selbst nicht erlebt hat, nicht erleiden musste, ist es unmöglich, das Unvorstellbare darzustellen. Deshalb sollen hier die Berichte von Augenzeugen zitiert werden, die wie Paul Huldschinsky unmittelbar nach der Pogromnacht ins KZ Sachsenhausen deportiert wurden und die der deutsch-amerikanische Journalist und politische Schriftsteller, Konrad Heiden, befragt hat:

Wir „kamen nachts gegen drei Uhr in der Nähe von Oranienburg an. Die Station liegt etwa zwei Kilometer vom Lager entfernt. Wir mussten die Strecke im Laufschritt zurücklegen. Da wir viele alte Leute bei uns hatten, fielen mehrere um. Sie erhielten von der Begleitmannschaft, alles junge S.A.-Burschen, Kolbenstösse und Fußtritte [...]. Im Lager wurden erst die Namen aufgerufen und eingeschrieben. Dann mussten wir von etwa morgens um fünf Uhr bis mittags zwei Uhr angetreten auf dem Hof stehen. Wer sich rührte, erhielt Fußtritte und Schläge ins Gesicht. Dieses Stehen dauerte somit rund neun Stunden. Unser Ersuchen, austreten zu dürfen, wurde abgelehnt und mit den gemeinsten Beschimpfungen von Seiten der Bewachungsmannschaft beantwortet. Mittags endlich genehmigte ein Vorgesetzter, dass wir gemeinsam zur Latrine geführt wurden. Essen wurde erstmalig vierundzwanzig Stunden nach unserer Verhaftung verteilt. Das Essen war gut.

Wir mussten unsere gesamte Kleidung abgeben und erhielten dafür lumpenähnliche Konzentrations-Kleidung, bestehend aus ausgedientem Militärzeug, Drillichkleidung und ähnliches. Gleichfalls wurde uns unser sämtliches Geld abgenommen. Juden haben in Sachsenhausen grundsätzlich Rauchverbot und dürfen sich nicht selbst verköstigen, können auch in der Kantine nichts kaufen.

Am nächsten Tag wurde exerziert. Für uns jüngere Leute, vielfach Frontkämpfer, war dies zu ertragen. Aeltere Leute blieben liegen und wurden mit Fußtritten behandelt, mit Kolbenstössen, mit Ohrfeigen und mit Faustschlägen ins Gesicht, immer begleitet von den rohesten und unflätigsten Beschimpfungen. [...] Beim Exerzieren wurde, wenn die Leute nach Einzelübungen in die Reihe zurückkehrten, den Gefangenen ein Fuss gestellt, dass sie hinschlugen; alsdann wurden sie mit den Nagelschuhen von der Bewachungsmannschaft in den Rücken und ins Gesäss auf die roheste Weise getreten. [...]

An einem Tag mussten alle Insassen antreten und der Bestrafung zusehen, die an einem Gefangenen vollzogen wurde, der versucht hatte zu fliehen. Der Betreffende wurde auf einem Bock festgebunden und von zwei S.A.-Männern, die sich besonders hierfür gemeldet hatten, mit schweren Ochsenziemern bearbeitet, bis er die Besinnung verlor. Das Opfer musste selbst jeden Schlag laut zählen, bis es infolge seiner Besinnungslosigkeit verstummte; aber auch dann hörten die Bestien mit ihrer Misshandlung nicht auf. Der Stubenälteste berichtete, dass, wenn das Opfer notdürftig geheilt wäre, die zweiten fünfundzwanzig Schläge verabfolgt würden.

Selbstmordversuche kommen täglich vor. In meiner Abteilung öffnete sich ein alter Mann in einem unbeobachteten Augenblick die Pulsader. Bei der Arbeit sollen die Bewachungsmannschaften zuweilen die Arbeitenden an die Absperrung zu locken versuchen, um sie dann niederzuknallen. Die elektrisch geladenen Drahtverhaue werden zeitweilig ausser Strom gesetzt, da die Leute, um in ihrer Verzweiflung ihrem Leben ein Ende zu machen, in diese Drahtverhaue laufen.

Ich wurde dann aus dem Lager entlassen, weil meine Auswanderung schon geordnet war. Bei der Entlassung wurde die übliche Abschiedsrede gehalten. ‚Greuelpropaganda' im Ausland auf Grund der Erlebnisse im Lager würde auch im Ausland verfolgt, da die nationalsozialistischen Auslandsorganisationen ‚so vorzüglich organisiert wären, dass sie auch im Ausland zupacken würden'. Zur Zeit [16. November 1938] sind in Sachsenhausen wohl zwölftausend Menschen, hauptsächlich Juden. Mit mir zusammen wurden elf entlassen."

Ein anderer von Konrad Heiden zitierter Zeitzeuge, der ebenfalls am 10. November verhaftet wurde, berichtete, dass nach seiner Ankunft in Sachsenhausen sofort das „Treten, ein Schlagen mit Gewehrkolben und Knüppeln" begann und dass sie „neunzehn Stunden lang im Lager stehen" mussten. „Bei einzelnen dehnte sich diese Zeit bis zu fünfundzwanzig Stunden aus. [...] Jede Tätigkeit im Lager musste sich im Laufschritt abspielen, sowohl der Weg zur wie von der Arbeit; und auch, soweit möglich, bei der Arbeit. [...] Erschöpften und Misshandelten durfte nicht geholfen werden, ‚das Schwein muss liegen bleiben'. [...] Die Arbeit, zu der wir im Laufschritt geführt wurden, vollzog sich ausserhalb des Lagers in den Klinker-Werken, die zum Konzern der Hermann Göring-Werke gehören. Sie bestand im Schleppen von Sand und Zementsäcken. Zum Sandtragen mussten wir Gefangenen die Jacken ausziehen und dann wieder so anziehen, dass der Rückenteil nach vorne war. Dann wurden die Jacken hochgenommen und rücksichtslos Sand eingeschaufelt, den wir dann mit gestreckten Armen im Laufschritt etwa fünf Minuten weit schleppen und in die Lore werfen mussten. Dann ging es wieder im Laufschritt zurück. Zementsäcke wurden unterschiedslos sechzig- und fünfundsechzigjährigen Leuten auf den Nacken geworfen, sie mussten diese Last dann denselben Weg in strammem Schritt schleppen, sie niederwerfen und zurücklaufen. [...] beim Rückmarsch von der Arbeit liefen wir in Fünferreihen, Zusammenbrechende wurden geschlagen und dann auf einer Bahre innerhalb der Fünferreihen getragen, damit die Bevölkerung auf de[r] Strasse, die wir passieren mussten, nicht etwa mehrere Bahren ausserhalb der Reihen bemerkte. [...] Am Morgen nach der Bekanntgabe [der Entlassung] mussten wir von sechs Uhr morgens bis sechs Uhr abends ohne Kopfbedeckung im strömenden Regen stehen, dann am folgenden Tag wiederum von elf bis drei, ohne Essen und ohne austreten zu dürfen."

In der Pogromnacht wurde auch Erich Guttmann, Sohn eines Rabbiners, ins KZ Sachsenhausen deportiert. Er hat berichtet: „Nach den Prügeln und Quälereien beim Empfang warten Tausende auf das Weitere. Die Stunden verrinnen und zum Martyrium der Seele gesellt sich die kaltfeuchte Luft einer Novembernacht. – Hier und da fällt Regen, aber wir spüren ihn kaum noch. – Acht Stunden stehen wir schon so da, den Blick unentwegt gegen die Mauer gerichtet. Barhäuptig und ohne Mantel. In einigen Abständen werden immer etwa hundert Menschen fortgetrieben in die Dunkelheit hinein, und als sie wieder vorüber kommen, marschieren sie in Reih und Glied, stumm angetan mit Sträflingskleidern, wie es scheint, oder mit alten zerlumpten Militärröcken. Das Haar ist vom Schädel geschoren, die Bärte sind abrasiert. Sie wurden unkenntlich und waren zunächst kaum voneinander zu unterscheiden, als durch eine Nummer, die auf Rock und Hose aufgestempelt waren, dazu ein Davidstern in grellen roten oder gelben Farben."

Paul Huldschinsky hatte die Häftlingsnummer 9393 und war der Baracke 39 zugeteilt, die wie die benachbarten Baracken 37 und 38 zu den „jüdischen Baracken" gehörte. Die Luft in den Baracken muss zum Ersticken gewesen sein. „Viele beschmutzten sich. Es gab weder Wasser zum Reinigen noch Wäsche zum Wechseln." Sie bekamen so gut wie nichts zu trinken. Es gab hysterische Ausbrüche, Verletzte, Fiebernde und Tote. „Jeden Tag sahen wir verhüllte Bahren und Särge an uns vorbeitragen." Die Männer verloren jegliches Zeitgefühl. Es gab für sie nur Hell und Dunkel, den Befehlen gehorchen. Entweder wurden sie hin und her gejagt oder mussten in der Kälte stehen. Wer schwach wurde, hinfiel, wurde geschlagen, getreten, „vorzugsweise in den Bauch und in die Nieren".

Wir wissen, dass Paul Huldschinsky am 22. November 1938 aus dem Lager entlassen wurde. Es heißt, Hans Sommer, der Ehemann von Pauls Nichte Moppi, habe sich sehr eingesetzt, Paul freizubekommen. Das scheint durchaus glaubhaft. Obwohl der Komponist aufgrund seiner Heirat als „jüdisch versippt" galt, stand er zum damaligen Zeitpunkt noch in der Gunst von Joseph Goebbels und besaß eine Sondergenehmigung zur Ausübung seiner künstlerischen Tätigkeit. Sowohl Goebbels als auch Hermann Göring und Adolf Hitler waren Liebhaber von Sommers Musik. Bis heute ist sein Schlager „Jawohl, meine Herr'n", den Hans Albers und Heinz Rühmann in „Der Mann, der Sherlock Holmes war" sangen, Hans Sommers bekannteste Komposition.

Hans Sommer, o. J.

Er wird auf jeden Fall Nini dabei geholfen haben, ihre bereits geordnete Ausreise nachzuweisen mit allen erforderlichen

Dokumenten, ihren gültigen Reisepässen, Einreisegenehmigungen, den lückenlosen polizeilichen Führungszeugnissen, ihren amtsärztlichen Gesundheitsattesten, den Lichtbildern für Schiffsreisende, ihre Schiffspassagen und vor allem ihr „Affidavit of Support". Damit garantierte Ninis Bruder Richard als amerikanischer Staatsbürger unter Offenlegung seiner materiellen Verhältnisse den Unterhalt seines Schwagers für mindestens fünf Jahre.

Juliana meint, sich erinnern zu können, dass sie am Tag der Entlassung ihren Vater am Tor des KZ abgeholt habe, während ihre Mutter, vielleicht zusammen mit Hans Sommer, im Auto wartete. Sie habe seine Hand genommen, die schrecklich kalt gewesen sei. Noch am selben Tag fuhren Paul, Nini, Lorilott und Juliana nach Hamburg zu Laeisz. Annemie und Sixtus kamen dorthin, um sich zu verabschieden. Jannie war im Jahr zuvor mit Frederik und der zweijährigen Hendriekje nach Amsterdam umgezogen, wo im Mai ihr Sohn Nan geboren wurde. Sie fuhr nach Le Havre, wo die SS President Roosevelt am 23. November ablegte. „Ich wollte meinen Vater noch sehen und ihm eine gute Fahrt wünschen. Seine schönen Haare waren verschwunden. Kahlgeschoren, zerschunden und mager war er, aber wohlgemut und voll Vertrauen. Mein Herz blieb mir schwer." Man vermag es sich kaum vorzustellen, dass Paul Huldschinsky damals in der Lage gewesen sein soll, den Eindruck von „wohlgemut und voll Vertrauen" in der Erinnerung seiner Tochter zu hinterlassen.

Niemand hatte die kleine Juliana darauf vorbereitet oder ihr gesagt, dass sie Berlin und Deutschland verlassen würden. Sie erinnert sich, dass Storsi zum Bahnhof mitkam, dass sie mit ihr in der Bahnhofsgaststätte saß, eine heiße Schokolade trank und Storsi aus der Papierhülle eines Strohhalms für sie ein Männlein gebastelt habe. Und dann sei der schlimmste Augenblick ihres damaligen Lebens gekommen, als es hieß, sie und Storsi müssten sich nun voneinander verabschieden. Sie sei fassungslos und verzweifelt gewesen und habe während der Zugfahrt nicht aufhören können zu weinen. Nini habe ihr versprechen müssen, Storsi nachkommen zu lassen.

Außerdem hat Juliana in Erinnerung, dass vor der Abfahrt des Schiffs in Rotterdam uniformierte Männer sich in ihre Kabine Zutritt verschafften. Sie sei wie erstarrt gewesen. Die Männer hätten ihre Mutter angeherrscht,

Juliana Huldschinsky auf dem Schiff nach New York, 1938

Lorilott, Juliana und Nini auf der Fahrt durch den Panamakanal, 1938

ihnen allen Schmuck, den sie bei sich trage, auszuhändigen. Woraufhin ihr Halbbruder Piet, der auch gekommen war, um sich von ihnen zu verabschieden, einen der Männer geohrfeigt habe. Sie habe sich sehr gewundert, dass außer ihrem Vater auch noch andere Männer an Bord kahlgeschoren waren, aber sie habe keine Frage dazu gestellt.

Als nächstes erinnert Juliana, dass, nachdem die SS President Roosevelt am 5. Dezember angelegt hatte, die Beamten auf Ellis Island sie verängstigt haben: „They were so cold and distant." Die nächsten Tage verbrachten sie bei ihrem Onkel Richard und seiner Familie auf Long Island. Anschließend ging die Reise per Schiff weiter durch den Panamakanal.

Während der Fahrt sei es zunehmend wärmer geworden, sodass an Weihnachten die Kerzen auf dem Tannenbaum geschmolzen wären und sie die Außengeländer an Bord teilweise nicht habe anfassen können, so heiß seien sie gewesen.

⁂

Ihr erstes Zuhause in Kalifornien war, wie Paul Huldschinsky in seinem ersten Brief vom 5. Mai 1939 an Hoerschelmann schreibt, ein „bezauberndes" Haus in Castellammare, einem Stadtteil von Pacific Palisades. Wie ein Solitär thronte von weitem sichtbar das Anwesen in der noch unbebauten Hügellandschaft.

Haus Via Florence in Kalifornien

Mit seinen vielen großen Räumen, einem Studio mit schwerem Dachgebälk, den gefliesten Innenhöfen und Terrassen und einem weitläufigen Garten entsprach das Haus in der Via Florence 370 in allem Pauls Vorstellungen. Nach Julianas Erinnerung hatte ihr Vater es von einem englischen Ehepaar mieten können. Es sei geradezu „märchenhaft", schwärmt Paul Huldschinsky im selben Brief, „dass man in der Nähe einer Millionenstadt für wenig Geld so wohnen kann". Das Haus bot viel Platz, sodass Paul jederzeit Freunde und Bekannte, die sich bei ihnen meldeten, aufnehmen konnte. Aus New York habe ihm Karl Vollmoeller geschrieben, „dass er am 15. August hier eintreffen wird und gern als paying guest in unser Fremdenzimmer ziehen möchte. [...] Da wir das paying gut gebrauchen können, und ich ihn ja auch gernhabe, soll er kommen, und wir warten nun ab, was daraus wird." Ob Karl Vollmoeller tatsächlich ihre Haushaltskasse aufgebessert

Juliana Huldschinsky in der Via Florence, 1939

Moppi, Michael und Hans Sommer, o. J.

hat, erfahren wir nicht, aber dass Moppi und Hans Sommer mit ihrem vierjährigen Sohn Hans-Michael am 18. März 1939 in Los Angeles angekommen waren und bei ihnen in der Via Florence aufgenommen wurden. Pauls Nichte und ihr Mann hatten ihre Ausreise aus Deutschland gründlich vorbereitet gehabt, für viel Geld Reisepässe erworben und ihr Hab und Gut einer Speditionsfirma in Hamburg übergeben. Doch dann hatten sie von einem Tag auf den anderen fluchtartig ihr Haus verlassen und alles zurücklassen müssen, nachdem sie vor einer bevorstehenden Verhaftung gewarnt worden waren. Bereits während der Überfahrt oder nach ihrer Ankunft in der Via Florence war Moppi von ihrem Vater benachrichtigt worden, dass ihre Mutter am 24. Februar im Alter von 52 Jahren gestorben war. Susanne Reichenheim hatte sich, überanstrengt von den Vorbereitungen für die Emigration ihrer Familie nach London, den vielen Behördengängen zur Beschaffung aller notwendigen Papiere, dem Packen und der Zwischeneinlagerung ihres Mobiliars, eine Lungenentzündung zugezogen. Otto Reichenheim ging allein nach England, und auch Moppis vier Geschwister konnten noch rechtzeitig Deutschland verlassen und emigrierten nach Brasilien, England und in die Schweiz.

Da Moppi und Hans nur befristete Besuchervisa besaßen, waren sie gezwungen, die Vereinigten Staaten nach einiger Zeit wieder zu verlassen und nach Mexiko auszureisen, wo sie notdürftig untergebracht waren und Hans sich als Barmusiker durchschlug. Sie kehrten zurück, doch trotz des Beistands der großen Filmunternehmen mussten sie erneut ausreisen, machten schwere Erkrankungen durch, bis sie sich 1941 endgültig in den USA niederlassen konnten, wo Paul Huldschinsky sie in der Anfangszeit unterstützte, soweit es ihm möglich war.

Vom Suizid seiner Nichte Marie-Luise Friedheim, verheiratete Strandes, könnte Paul Huldschinsky damals von Moppi und Hans Sommer erfahren haben, und dass seine Schwester Minze mit ihrer Familie 1938 ebenfalls Deutschland verlassen hatte und nach England geflohen war. Im Zuge der „Arisierung" waren sie gezwungen worden, ihr Gut Baerfelde weit unter Wert an den Unternehmer Friedrich Flick zu verkaufen. Von dem Geld habe man ihnen, wie ihr Sohn Heinrich in seinen Erinnerungen schreibt, „keinen Cent" gelassen.

※

Vielleicht hatte Paul Huldschinsky gerade noch rechtzeitig ihr Mobiliar, ihre Antiquitäten, Kunst- und Wertgegenstände, Gemälde, Bücher, private Unterlagen und Schriftsachen in die Staaten schaffen lassen. Was in der Via Florence nicht gebraucht wurde, hatte er in Beverly Hills am Rodeo Drive untergebracht. Dort gehörte eine Galerie Leni Michels-Fougner, Berliner Innenarchitektin und langjährige Nachbarin in der Matthäikirchstraße 10, und Lenis Mitarbeiterin und Freundin, Annie von Bucovich. Da Annie den Titel einer Baroness führte und der sich gut machte, hieß die Galerie „Studio Baroness Bucovich, Inc.". Paul hatte bei ihnen einen Raum als Büro gemietet und die Hälfte eines zur Galerie gehörenden Studios, „in dem all unser Zeug, was Du kennst, zum Verkauf steht", schreibt er Hoerschelmann. Außerdem gab es ein Schaufenster, in dem er Einzelstücke ausstellen konnte.

Studio Baroness Bucovich in Beverly Hills am Rodeo Drive, o. J.

Weiter heißt es in seinem ersten Brief: „Vorläufig lebe ich ganz von diesen Verkäufen und kann nur beten, dass es weiter so gehen wird. Lorilott hilft mir in meine[m] Office durch ihr gutes Englisch, ihr hübsches Aussehen, dadurch, dass sie Auto fahren kann, verkaufte Sachen abliefert, zur Post geht usw. Daneben habe ich durch Lubitsch, der mir den Auftrag gegeben hat, in seinem sehr schönen Haus den Living-room neu einzurichten, einen Start als Interior Decorator bekommen, der es mir hoffentlich ermöglichen wird, weitere Aufträge zu bekommen." Der Regisseur Ernst Lubitsch, ehemals Schauspieler bei Max Reinhardt, war als erste bedeutende Persönlichkeit der Filmbranche 1922 nach Amerika gekommen, und der Erfolg war ihm auch in seiner neuen Heimat treu geblieben. Er stieg rasch zum Musterbeispiel des Emigranten auf, der sich der Gesellschaft von Hollywood völlig angepasst hatte und der gleichsam zum „Nestor der Kolonie der Hollywooddeutschen" werden sollte. Vicki Baum hat ihn einmal treffend beschrieben als einen kleinen dunkelhaarigen Mann, „mephistophelisch-napoleonisch mit den brennendsten schwarzen Augen", die sie je gesehen hätte.

„Das Zimmer bei Lubitsch wurde mit einer Riesengardenparty von 150 Menschen, überstrahlt von der Sonne sämtlicher Stars und Producer,

Juliana Huldschinsky und Lorilott Wiedmann, 1939

eröffnet und hat soweit einen Erfolg, dass mir Jeanette MacDonald [amerikanische Schauspielerin und Sängerin] sagte, sie wolle nun auch sich ein paar Zimmer von mir umändern lassen. Wenn daraus etwas wird, wäre es herrlich." So heißt es in Paul Huldschinskys zweitem Brief vom 24. Juli 1939. Er musste erst noch die Erfahrung machen, dass aus derart spontanen Versprechen auf Partys nicht unbedingt immer etwas zu werden pflegte.

Den meisten Emigranten und Flüchtlingen ging es im amerikanischen Exil sehr viel schlechter, vor allem Schriftstellern. Sie hatten einreisen dürfen, weil sie von den großen Filmfirmen Warner Brothers und Metro-Goldwyn-Mayer (MGM) als Drehbuchautoren verpflichtet worden waren, womit ihr Lebensunterhalt für ein Jahr gewährleistet wurde. Die Arbeiten, die man sich für die Exilschriftsteller mit ihren meist sehr geringen Englischkenntnissen ausdachte, scheinen größtenteils Wohltätigkeitsakte gewesen zu sein. Sie waren an die Muttersprache als ihr wichtigstes Medium gebunden, hatten keine Publikationsmöglichkeiten, und ihre Verträge wurden von den Firmen oft nicht verlängert. Ein wirkliches Interesse an ihrer Arbeit erfuhren die meisten nicht. Viele von ihnen waren nach einem Jahr auf die Unterstützung des „European Film Fund" angewiesen.

Absichtserklärung und Antrag auf Einbürgerung ausgefüllt von Paul Huldschinsky

„Ich kann hier nicht bleiben", schrieb der Schriftsteller Alfred Döblin im Januar 1945. „Es wäre anders, wenn ich mich hier ernähren könnte. Ich werde freiwillig keine Minute länger hier von charity leben." Er kehrte als einer der ersten Exilautoren nach Europa zurück.

Für Paul Huldschinsky waren englische Sprachkenntnisse nicht existenziell wichtig. Von Anbeginn scheint es für ihn keinen Zweifel gegeben zu haben, dass er und Nini in den USA bleiben würden. Gleich nach ihrer Einreise hatten er und Nini die ersten notwendigen Schritte für ihre Einbürgerung unternommen und die „Declaration of Intention" sowie die „Petition for Naturalization" ausgefüllt; im November 1944 erhielten beide die amerikanische Staatsbürgerschaft. So wie sich Paul Huldschinsky nicht als Jude verstanden hatte, hat er sich offensichtlich auch nicht als Flüchtling gesehen, sondern als ein Emigrant, der, unabhängig von nationalsozialistischem Rassismus und Verfolgung, sich zur Auswanderung entschlossen hatte, um in Amerika ein neues Leben zu beginnen.

※

Die beiden – einzigen – Briefe, die Paul Huldschinsky im ersten Jahr aus den USA an Rolf von Hoerschelmann geschrieben hat, klingen überwiegend positiv. Hatte er die Erinnerungen an die Hölle des Lagers, an die erlittenen Schikanen und Erniedrigungen, die Bilder von den geschundenen Mithäftlingen ausblenden, verdrängen können? War es ihm im Laufe seines Lebens mit einigen Niederlagen zur zweiten Natur geworden, nach außen Stärke zu zeigen, Negatives zu überspielen, um die ihm nahestehenden Menschen, vor allem Nini, nicht zu belasten? In beiden Briefen vergisst er nicht, sich als Erstes zu erkundigen, wie es dem zurückgebliebenen Freund in der Zwischenzeit ergangen ist. Erst dann erzählt er vom neuen Leben in Amerika, berichtet begeistert von der Aussicht, möglicherweise eine Ausstellung machen zu können mit dreißig Plakaten von Toulouse-Lautrec, die Dr. Hans Sachs als Rest seiner riesigen Sammlung vor dem Zugriff Goebbels habe retten können. Er kannte den nach New York emigrierten Zahnarzt und Begründer des Vereins der Plakatfreunde aus der Zeit seiner eigenen Mitgliedschaft. Vielleicht waren sie sich, da Hans Sachs ebenfalls im Zuge der Pogromnacht verhaftet wurde und im KZ Sachsenhausen inhaftiert war, dort auch noch einmal begegnet. Ob aus der Plakatausstellung tatsächlich etwas geworden ist, erfahren wir allerdings nicht.

Hollywood entwickle sich zu einer „Zentrale des geistigen Lebens von ganz Europa“. Er zählt auf, wem er schon begegnet ist: „Huxley wohnt hier und Sinclair Lewis, Thornton Wilder und sämtliche Musiker – es ist wirklich sehr interessant, mit all diesen Menschen zu reden. Neulich hatten wir die Freude, mit Greta Garbo eingeladen zu sein, die sonst zu niemandem hingeht, bei der Frau von Berthold Viertel: Wir freuten uns über dieses wunderschöne, natürliche und prachtvolle Wesen. Remarque ist hier bei Marlene. Ich habe ihn aber noch nicht getroffen. Dagegen traf ich Tommy [Thomas Mann] mit Frau und Tochter, die 8 Tage lang hier waren, Vorträge hielten und mit denen zusammen zu sein für mich ein ganz besonderer Genuss war. Mit Dorothy Thompson waren wir hier viel zusammen: Sie schreibt mit Kortner zusammen ein Stück, das im Herbst in New York herauskommt [gemeint ist das Flüchtlingsdrama „Another Sun"]. Sie ist eine schöne und prachtvolle Person."

Auch auf der Party von Ernst Lubitsch seien lauter interessante Leute eingeladen gewesen, wie „der dicke Charles Laughton (Heinrich VIII), und der englische Dichter Louis Bromfield, den ich besonders nett und klug fand". Häufig habe er auch schon Max Reinhardt und Helene Thimig, Reinhardts Ehefrau, gesehen. „Es geht ihnen nicht gut. Heute Abend sind der Schauspieler Ernst Deutsch, Ilke Grüning, Rudolf Forster und Annie bei uns, und wir wünschten, Du wärest dabei. Als Lichtblick sind unterdessen Leo und Alexa van den Bergh aus Holland hier eingetroffen – es sind die ersten Europäer, die reich hier rüber kommen und daher eine beruhigende Atmosphäre um sich verbreiten. Sie haben sich in Santa Barbara, einem zwei Stunden entfernten sehr schönen Badeort, am Meer gelegen, eine prachtvolle Besitzung gekauft, die ich ihnen einrichten werde. Neulich waren wir drei Tage bei ihnen dort in einem wundervollen Hotel eingeladen und verlebten zum ersten Mal seit langer Zeit wieder verantwortungslose, verwöhnte Tage, die uns sehr gut taten."

So könnten sie, schließt er mit einem sarkastischen Unterton, „ganz optimistisch in die Zukunft sehen, wenn nicht immer wieder Schicksalsschläge kämen, die einen zu Boden drücken. [...] Es gibt kein Zurruhekommen mehr, und es gibt keine positive Zukunft. Man muss schon dankbar sein, wenn die paar Menschen, an denen einem etwas liegt, hierher finden und man dann zusammen mit ihnen verhungern kann."

※

Paul Huldschinsky nahm jede Gelegenheit wahr, Kontakte zu knüpfen, um vielleicht Interessenten für sein Mobiliar oder Auftraggeber für Inneneinrichtungen zu finden. In seinem zweiten Brief vom 24. Juli 1939 an Hoerschelmann schreibt er, dass der „Riviera Country Club" ihn aufgefordert habe, bei ihnen „Polo zu spielen, was ich fleissig tue und damit ganz andere amerikanische Kreise kennenlerne". Eine für alle Neuankömmlinge besonders wichtige Adresse in Los Angeles hatte er sofort aufgesucht, das Haus von Salka und Berthold Viertel in der Mabery Road 165 am Rande von Santa Monica im sogenannten Canyon. Mit ihrem Ehemann, dem

Lyriker und Regisseur Berthold Viertel, war Salka bereits 1932 in die USA gekommen; sie nannte sich eine „Wahlemigrantin". In Deutschland hatte sie Theater gespielt, in Hollywood war sie eine erfolgreiche Drehbuchautorin bei MGM geworden und die künstlerische Beraterin sowie engste Vertraute der Schauspielerin Greta Garbo. Jeden Sonntagnachmittag fand sich bei Salka zu ihrem Jour fixe eine bunte Gästeschar ein: emigrierte und vertriebene Künstler und Autoren und dazu amerikanische Filmschaffende und Hollywoodstars. Verdienst, Jahreseinkommen, was in Hollywood ansonsten große Bedeutung hatte, spielte im Hause Viertel keine Rolle.

Nini würde Partys mit vielen Menschen nach wie vor nicht mögen, schreibt Paul Huldschinsky an Hoerschelmann. Meist gehe er allein oder in Begleitung von Lorilott. Den Aufenthalt in Santa Barbara im feudalen Biltmore Hotel auf Einladung der van den Berghs habe Nini hingegen sehr genossen. Was nur allzu verständlich ist, denn für die 47-jährige Nini war das Leben in den USA ein so völlig anderes als sie es bis dahin gewohnt gewesen war. Immer hatte es Personal für den Haushalt und die Betreuung und Erziehung der Kinder gegeben. Nun bemühte sie sich, das große Haus und den weitläufigen Garten in der Via Florence aus finanziellen Gründen möglichst selbst in Ordnung zu halten. Nini fände „im Nützlich-Sein-Können und Dienstbotengehälter-Sparen eine vollkommene Befriedigung", und der neue Staubsauger wäre „ihr ganzes Auf und Nieder". Hier hat Paul Huldschinsky die Wirklichkeit wohl etwas schönreden wollen. Nini hatte zu Anfang keine Ahnung gehabt, wie man auch nur ein Ei kocht, geschweige denn eine Mahlzeit zubereitet. Zwei aus Hamburg emigrierte Schwestern waren deshalb als Küchenhilfen eingestellt worden. Deren zubereitetes Essen soll jedoch immer gleich fad geschmeckt haben. Erst nach einiger Zeit wären sie dahintergekommen, dass die Frauen die Speisen für die Familie nie abgeschmeckt hatten. Sie waren gläubige Jüdinnen und hatten in der Küche der Huldschinsky nicht koscher kochen können.

Eines schönen Tages tauchte Theo Simon in der Via Florence auf, der Neffe von James Simon und Ex-Ehemann von Erika Landsberg, besagter Charlott. Wie schon erwähnt, war er 1930 nach Amerika gekommen, um dort ein neues Leben zu beginnen, und hatte sich in den vergangenen Jahren mehr schlecht als recht als Komparse beim Film, als Taxifahrer etc., durchgeschlagen. Im Haus in der Via Florence war genügend Platz, Theo konnte bei ihnen wohnen und machte sich nützlich, besorgte die Einkäufe, fuhr Juliana zur Schule, holte sie ab, half Nini in Haus und Garten und entdeckte allmählich seine Freude am Kochen. Das Essen schmeckte allen bald wieder.

Die ungewohnte Haus- und Gartenarbeit kostete Nini viel Kraft. Eine viel größere Belastung für sie waren jedoch die Ungewissheit und Sorge um ihre Familie in Deutschland. Nachrichten erreichten sie nur in großen Abständen und enthielten wegen der Briefzensur oftmals nur verschlüsselte Andeutungen. In Ninis einzigem vorliegenden Brief aus den USA an ihr „Geliebtes Hoerschelchen" schreibt sie am 8. August 1939: „Es ging uns hier schon sehr gut, das heißt, wir hatten uns nach einigen großen schweren Heimwehanfällen soweit eingewöhnt, dass wir anfingen, uns glücklich zu fühlen. Da kamen zuerst andeutungsweise und dann immer deutlicher Nachrichten über die Familienkatastrophe zu uns und warfen uns recht weit zurück. Das war im Mai. Seitdem verbringe ich meine Tage eigentlich in einem bangen Warten, unterbrochen und nicht immer verschönt von Briefen meiner Kinder und meiner Schwester. Es ist schon ein riesiger Saustall und Gott möge uns Allen recht gnädiglich sein."

Auch Pauls Brief vom 5. Mai enthält zu der von Nini angedeuteten Familienkatastrophe nur eine verschlüsselte Information: „So kam neulich die Nachricht (vorläufig noch ganz wirr und unklar), dass Erich wieder in Hamburg in sein altes Sanatorium musste, und Franzi nach London gereist ist. Dieser vollständige Zusammenbruch des einst so fest stehenden Hauses ist grauenvoll und alle damit verbundenen Sachen [sind] auch für die Jungens äußerst beunruhigend." Erich Laeisz war damals zum zweiten Mal verhaftet worden. Wie es heißt, hatte er sich, um die Reederei zu retten, auf Druck des Nazi-Regimes von seiner jüdischen Frau scheiden lassen und Franzi in London untergebracht, wo sie auf seine Veranlassung über Geschäftsfreunde finanziell versorgt wurde. Nach dem Krieg haben Erich und Franzi Laeisz erneut geheiratet.

Nini will in ihrem Brief nicht undankbar erscheinen, aber sie gesteht freimütig, dass ihr vieles in ihrem neuen Leben in den USA schwerer falle als Paul.

„Wohnen tun wir wirklich herrlich, wie die meisten Menschen hier. Der größte Vorteil Californiens ist das schöne Wohnen. Jeder Mensch hat sein

Haus und jeder sein Auto, und man kann mit wenig Geld und ohne Dienstboten immer noch so quasi wie eine Herrschaft leben und das ist Unendliches wert. Glori fährt von hier zwanzig Minuten bis zu seiner Arbeitsstätte, und da kann ich Dir also nur sagen, dass es ihm eigentlich sehr gut geht. Er sieht prächtig aus, sein Haar ist wunderbar nachgewachsen, etwas grauer, aber nicht weniger schön als vor der Rasur und sein geliebtes Gesicht strahlt in rosiger Frische, die er sich Gott sei Dank beim Reiten und am Meer holt. Er liebt sonderbarerweise im Gegensatz zu mir und Annie [von Bucovich] dieses wilde, sonderbare und eigentlich hässliche Land. Der Glori ist jetzt endlich so, wie ich ihn mir seit zwanzig Jahren ersehnt habe, ganz ohne jegliche Schweinerei. Du kannst dir denken, wie ich das genieße. Gott möge dafür sorgen, dass keine seiner europäischen Anbeterinnen ihren Weg hierhin findet. Trotz aller Wirrsal und allem Schweren lachen wir viel zusammen, auch sind wir alle dem Alkohol herzlich zugetan, eine Neigung, die wir alle schon hatten und die hier von Klima und Herzeleid sehr unterstützt wird."

Paul Huldschinsky mit Juliana, 1939

Vieles bleibt ungesagt. Man will sich das Leben gegenseitig nicht noch schwerer machen. Heimweh, Sorge um die Familie in Deutschland und schreckliche Erinnerungen „ertränkt" man im Alkohol. Auch die Wiederbegegnung mit alten Freunden ist nicht in jedem Fall erfreulich oder tröstlich. Besonders enttäuscht äußert sich Nini über Bruno Frank, der bereits seit Oktober 1937 mit seiner Frau Liesl in Kalifornien lebt. Wie Paul empfindet sie den alten Freund als „aufgeblasen" und fühlt sich in seiner Gegenwart „ungemütlich und klamm". Frank, der in der Vergangenheit ein leidenschaftlicher Spieler und oft verschuldet gewesen war, habe anscheinend sein früheres Leben, seine Freundschaften, seine Nöte, alles vergessen. Paul hatte ihm häufig Geld geliehen und großzügig darüber hinweggesehen, wenn er es von ihm nicht zurückerhalten hatte. Deshalb meint Nini in ihrem Schreiben an Rolf von Hoerschelmann: „Glori sagt nie etwas, aber ich kann mir nicht denken, dass er sich nicht furchtbar kränkt." Im Laufe der Zeit besserte sich ihre Beziehung wieder. Sie waren des Öfteren bei Bruno und Liesl Frank eingeladen oder gemeinsam bei Thomas und Katia Mann. Zu einer Runde, die sich regelmäßig in einem Restaurant zum Lunch zusammenfand, zählten außer Paul Huldschinsky und den Franks Wilhelm Speyer, Fritzi Massary, Alfred und Elise Polgar, Ludwig und Sascha Marcuse, Max Reinhardt und Helene Thimig. Alle kannten sich mehr oder weniger aus frühen Münchner und Berliner Zeiten.

※

Im Sommer 1940 machen Thomas und Katia Mann, die seit 1938 in Princeton leben, Urlaub in Brentwood, einem Vorort von Los Angeles, wo sie vom 5. Juli bis 5. Oktober ein Haus mit Pool gemietet hatten. Nach Thomas Manns Vortrag „Leiden und Größe Richard Wagners" am 10. Februar 1933 im Auditorium maximum der Universität München waren sie zu einer Vortragsreise aufgebrochen und, nachdem ihre Tochter Erika sie davor gewarnt hatte, nicht nach München zurückgekehrt. Lange hatte Thomas Mann die Hoffnung auf eine Rückkehr nicht aufgeben wollen, war mit Katia und den vier jüngeren Kindern zunächst nach Sanary-sur-Mer gegangen und anschließend für fünf Jahre nach Küsnacht bei Zürich. 1938 hatte er durch die Vermittlung seiner vermögenden Gönnerin Agnes E. Meyer eine Gastprofessur an der Universität Princeton erhalten.

Thomas Mann empfand den Aufenthalt in der kalifornischen Hügellandschaft, die ihn an die Toskana erinnerte, und das milde Klima als erholsam und wohltuend. Der prominente Schriftsteller und seine Frau erhielten viele Einladungen und kamen nicht umhin, häufig Gäste zu empfangen, was ihm manchmal fast zu viel wurde. Die täglichen Nachrichten vom Weltkriegsschauplatz beschäftigten ihn, und besonders große Sorgen machte er sich um Erika, die sich als Korrespondentin für die britische BBC in London aufhielt. Außerdem bangten er und Katia um ihren Sohn

Golo und seinen Bruder Heinrich mit Ehefrau Nelly, die nach der französischen Kapitulation am 22. Juli über die Pyrenäen nach Spanien und Portugal und von Lissabon aus in die USA zu gelangen suchten. Am 24. September erhielten Thomas und Katia Mann eine entsetzliche Nachricht. Das britische Passagierschiff „City of Benares" mit ihrer Tochter Monika und deren Ehemann Jenö Lányi an Bord war in der Nacht des 17. September von der U-48, einem deutschen U-Boot, angegriffen und von einem Torpedo getroffen worden und innerhalb von dreißig Minuten gesunken. Von den 406 Passagieren, darunter eine Gruppe von 90 britischen Kindern, und Besatzungsmitgliedern verloren etwa 250 ihr Leben, darunter Jenö Lányi und 83 Kinder. Monika hatte überlebt; sie hatte sich an einem Stück Holz oder am Rand eines Rettungsbootes festgehalten, mehr als vierzehn Stunden – Monika sprach später von zwanzig Stunden – bis der britische Zerstörer „Hurricane" sie hatte bergen können.

Thomas Manns Hoffnung auf ein baldiges Kriegsende und die Rückkehr nach Europa schwand mit jedem Tag, und er dachte mit Katia über eine mögliche Ansiedlung in Kalifornien nach. Sie schauten sich Grundstücke an, und wie Katia Mann in ihren „Ungeschriebenen Memoiren" erzählt, hatten sie bald eines mit „einem herrlichen Blick aufs Meer und auf Catalina-Island und mit Palmen und Orangen- und Zitronenbäumen in einem großen Garten gefunden, das verhältnismäßig billig" gewesen sei. „Dann", fährt sie fort, „haben wir einen guten Architekten gefunden, und als Innenarchitekten gewannen wir den Sohn vo[m] ehemals reichen Kohlemagnaten, Huldschinsky. Dieser außerordentlich kultivierte Emigrant fristete drüben sein Leben als Innenarchitekt, und er kam zu mir, fragte mich, ob er nicht unser Haus inneneinrichten könnte. Ich sagte: Ja, lieber Paul, ich habe alles Zutrauen, aber das können wir uns gar nicht leisten, wissen Sie? Worauf er mir erwiderte: ich würde überhaupt so gut wie nichts dafür nehmen, nur grad die Deckung der Unkosten, aber wenn es dann in Hollywood überall heißt, ich habe das Haus von Thomas Mann eingerichtet – das würde mir sehr nützen, das wäre eine sehr gute Reputation." Darauf habe sie erwidert, aber „selbstverständlich sollen Sie es dann machen". Thomas Manns Tagebucheintrag vom 13. September 1940 bestätigt Katia Manns Erzählung. Paul Huldschinsky habe angeboten, „zu Propagandazwecken an unserer hiesigen Einrichtung mitwirken" zu wollen. Nicht ahnen konnte Paul Huldschinsky damals, wie lang sich die ganze Hausbaugeschichte hinziehen würde.

Am 11. September zeigte Katia Mann dem Architekten Paul László, einem ungarischen Exilanten und Entwerfer luxuriöser Villen für berühmte Hollywood-Größen, das gewählte Hanggrundstück am ruhigen San Remo Drive 1550 in Pacific Palisades. Am folgenden Tag schlossen sie im Beisein des Architekten, nachdem man sich auf den Preis von 6500 Dollar für das Grundstück geeinigt hatte, den Kaufvertrag mit einem Vertreter der „Frank Meline Company" ab. Am 21. September zeigten sie den Bauplatz Paul Huldschinsky und nahmen hernach bei ihm den Tee ein, „in ihrem entlegenen, mit guten Resten eingerichteten Hause", wie Thomas Mann hernach notierte.

Von den ersten Plänen Lászlós zeigte sich Thomas Mann durchaus angetan. Bedenken kamen ihm am 26. September wegen des veranschlagten Preises von 22 000 Dollar. Am 1. Oktober legte László einen reduzierten Plan vor, den Thomas Mann aber nicht mochte. Am 5. Oktober, dem letzten Tag in Brentwood vor ihrer Rückreise nach Princeton, sahen sie sich einen Plan des Inhabers der „Frank Meline Company" an. Doch dessen Entwurf war auch „noch nicht das Rechte", heißt es im Tagebuch, nachdem sie beim Tee mit Paul Huldschinsky über den Bauplan gesprochen hatten.

Unverrichteter Dinge kehrte man nach Princeton zurück. Drei Monate später kam ein neuer Architekt ins Spiel, Julius Ralph Davidson, Sohn eines englischen Vaters, in Berlin geboren, gleicher Jahrgang wie Paul Huldschinsky. Er hatte als Ausstatter großer Luxusschiffe gearbeitet, bevor er 1923 in die USA gekommen und zunächst als Filmarchitekt tätig gewesen war. Seit 1926 betrieb er ein eigenes Architektur- und Designbüro in Los Angeles und hatte sich bereits einen Namen gemacht mit seinen klaren, eleganten Baukörpern. Seine Pläne seien „anziehend genug", schreibt Thomas Mann am 4. Januar 1941, „uns wieder Lust zu dem Bau und Siedlungsunternehmen zu machen". Jedoch schon bald wurde Thomas Manns Lust erneut gedämpft, dieses Mal von Molly Shenstone, Frau eines Physikprofessors und enge Freundin und Vertraute von Katia in Princeton. Sie hatte sie auf verschiedene Nachteile des Plans hingewiesen. Im März stand die Auflösung des Haushalts in Princeton an. Kälte, Schnee, Frost und eisiger Wind machten Katia und Thomas sehr zu schaffen. Beide litten unter schweren Erkältungen.

Obwohl sich der Schriftsteller und seine Familie mit seinen Einkünften aus Publikationen und Vortragsreisen im Vergleich zu den meisten Emigranten in einer finanziell durchaus komfortablen Lage befanden, bereiteten ihm und Katia die veranschlagten Kosten immer wieder Kopfzerbrechen. Sie sahen sich oft genötigt, ihren Söhnen Klaus und Michael aus finanziellen Engpässen zu helfen und auch den anderen Kindern etwas zukommen zu lassen. Thomas Mann beunruhigte außerdem „die Festlegung in so unsicherer Zeit". Am 3. März heißt es im Tagebuch: „halber Wunsch, davon zurückzutreten". Immerhin fand Erika am 13. März für die Eltern ein passendes Mietshaus in Beverly Hills am Amalfi Drive 740, das sie am 9. April beziehen konnten. Die politischen Nachrichten seien „schauerlich", schreibt Thomas Mann, der Kriegseintritt der USA nach wie vor ungewiss. Am 18. April: „Einigung mit K., den Plan des Hausbaues fallen zu lassen". Er will „Befreiung" empfunden haben.

Eintrag am 1. Mai: „Mit Huldschinsky in ein Cinéma in Santa Monica, zwei Filme besseren Niveau's, unterhaltend, gute Darstellung. Bei der Heimkehr Versagen des Haustürschlosses. Einschlagen einer kleinen Scheibe bei der Küche. Bier mit Huldschinsky." Es sieht so aus, als hätten die beiden beim nächtlichen Bier zum soundsovielten Mal das Für und Wider des Hausbaus und Hin und Her der vergangenen Monate besprochen. Jedenfalls beschlossen Thomas und Katia Mann am folgenden Tag nach einem Besuch von Davidson und Schlesinger eine „Wiederaufnahme der Baupläne in beschränkter Form". Am 5. Mai erschien Davidson mit neuen Plänen, aber es war ihm zu Thomas Manns Verdruss nicht gelungen, „den Preis auf 20.000 herabzusetzen. Verstimmung und neue Verzichtsneigung." Am 11. Mai heißt es: „Es wird gebaut", allerdings unter der Voraussetzung, dass die Sache mit einer Hypothek von 16 000 Dollar klargeht.

Einen Monat später, am 11. Juni, besucht Thomas Mann mit Erika die Huldschinskys in ihrem neuen Heim in der Mesa Road 317. Zu Pauls großem Leidwesen hatten sie das herrliche Anwesen in der Via Florence räumen müssen, nachdem er mehrfach die Miete schuldig geblieben war, die er anfangs doch als durchaus erschwinglich empfunden hatte. Der Verkauf ihrer Möbel und Einrichtungsgegenstände hatte einfach nicht ausgereicht, und es war noch nie Pauls Sache gewesen, sich für die Miete anderweitig einzuschränken. Nun wohnten sie nicht mehr so abgelegen und in unmittelbarer Nachbarschaft von Salka Viertel im sogenannten Canyon. In ihren Lebenserinnerungen schreibt Salka Viertel: Paul Huldschinsky sei „einer der nettesten Menschen, die ich je gekannt habe“. Als George Cukor einen Film über das Leben der französischen Schriftstellerin George Sand habe machen wollen, Greta Garbo die Hauptrolle spielen und sie das Drehbuch schreiben sollte, habe sie Literatur benötigt und ihren Nachbarn Hulle aufgesucht. Salka Viertel wusste, dass Paul Huldschinsky ein Liebhaber französischer Literatur war, und er sei hocherfreut gewesen, „dass sich jemand für seine verstaubten Bände interessierte, und erlaubte mir auszuleihen, was ich brauchte. Ich entdeckte George Sands Briefe an Alfred de Musset, an Chopin, an Liszt, an ihren Rechtsanwalt, an den Lehrer ihrer Kinder und sogar einige an ihren abscheulichen Mann.“ Auch Greta Garbo besuchte Paul Huldschinsky gern und oft in der Mesa Road, wenn sie New York entflohen war und für längere Zeit in der Nähe von Salka ein Haus gemietet hatte. Juliana hat erzählt, dass sie bei einem der ersten Besuche die glamouröse Filmdiva gar nicht erkannt habe, weil Greta Garbo ungeschminkt und sehr leger gekleidet war. Sie habe die Schauspielerin fassungslos angestarrt, bis ihr Vater sie schließlich aus dem Zimmer geschickt hätte.

Das neue Heim der Huldschinskys in der Mesa Road, schreibt Thomas Mann, sei ein schön eingerichtetes „Häuschen“. In der Tat waren Haus und Garten wesentlich kleiner und bescheidener als in der Via Florence. Über den beengten Wohnraum tröstete Paul Huldschinsky einzig das Speisezimmer etwas hinweg. Es hatte einen gewissen Charme, da der Grundriss achteckig war und ebenerdige Sprossenfenster einen Blick auf die Terrasse und in den wunderschön angelegten Garten boten.

Nini war zufrieden, weil das Haus sehr viel weniger Arbeit machte. Zu ihrer großen Freude erfüllte ihr ein neu gewonnener Freund, der niederländische Maler Ernst Van Leyden, einen großen Wunsch. Der Künstler war 1939 mit seiner Frau Karen, ebenfalls Malerin, und ihrem kleinen Sohn in die USA geflohen. Sie lebten in Brentwood und hatten sich einen Namen als Porträtisten von Mitgliedern der High Society gemacht. Van Leyden malte für Nini einen fast lebensgroßen Christophorus auf die Wand im

Ernst van Leyden malt den Christophorus im Gartentreppenaufgang der Mesa Road, o. J.

Nini mit den Wandbildern von Ernst van Leyden im Garten, um 1942

Gartentreppenaufgang und auf die Hauswand zum Garten einen Heiligen Antonius mit Kindern und eine Madonna mit Kind. Die Heiligenfiguren erinnerten Nini an die Lüftlmalerei in Bayern und gaben ihr, wie sie beteuerte, ein Gefühl von Heimat und Geborgenheit.

Obwohl Thomas Mann das kalifornische Klima und die Landschaft sehr behagten, überkam auch ihn ab und an Heimweh. Er wäre gerne in die Schweiz zurückgegangen, nachdem sich ihre Niederlassung in Pacific Palisades als dermaßen schwierig erwies. Am 21. Juni 1941 heißt es wieder einmal im Tagebuch: „Der Hausbau neuerdings verneint, da schon die Wochen, die für die Beschaffung der Hypothek benötigt, eine Preissteigerung von 10 % gebracht haben. Der Augenblick ist unmöglich. Neue Erörterungen über die Frage Osten oder Westen." Der Kriegsverlauf und die angespannte politische Weltlage lähmten das Land. Es musste mit weiteren Preissteigerungen bei Löhnen und Baumaterialien gerechnet werden. Nach einer Lesung des Kapitels „Bennu" aus „Joseph der Ernährer" am 25. Juni vor einer großen Runde, zu der Bruno und Liesl Frank gehörten sowie Leonhard Frank, Alfred und Katharina Neumann, Hedwig Fischer mit Tochter Brigitte, Fritzi Massary, Ludwig und Sascha Marcuse, Wilhelm Speyer, Eva Herman und auch Paul und Nini Huldschinsky, sah sich Thomas Mann durch die anschließende Diskussion über den Überfall auf die Sowjetunion und die möglichen Konsequenzen in seiner zögerlichen Haltung nur noch bestärkt.

Vier Tage später, am 29. Juni, große Erleichterung. Was war geschehen? Agnes Meyer, seine „anstrengende" und ihn oft enervierende Gönnerin, hatte ihm versichert, er könne sich „in jedem Fall auf sie verlassen. Geldsorgen brauche er sich nicht zu machen." Welch eine Beruhigung für den 66-Jährigen, der sich nach Jahren des Vagabundierens nichts sehnlicher wünschte, als endlich wieder in geordneten und angenehmen Wohn- und Lebensverhältnissen Ruhe zum Arbeiten zu finden.

Eine Woche später, am 7. Juli, posieren Thomas und Katia Mann mit dem Bauunternehmer Ernest M. Schlesinger und dem Architekten Julius R. Davidson für ein Foto der *Pacific Press*. Schlesinger und Davidson halten auf dem Foto, das am 15. August 1941 in der Exilzeitung *Aufbau* abgebildet wurde, einen großen aufgerollten Plan für den in ihrer Mitte stehenden Thomas Mann. Katia, am seitlichen Bildrand, schaut, so macht es den Eindruck, etwas missmutig auf das Papier. Bis zuletzt soll sie den Umzug nach Kalifornien und das Bauvorhaben als eine „unverzeihliche Hybris" bezeichnet haben. In dem Zeitungsartikel hieß es: „Die Villa, von deren Arbeitszimmer der Dichter einen weiten Ausblick über den Pazifischen Ozean hat, wird nach einer Gruppe hoher Palmen den Namen ‚Seven Palms' führen. [...] Die Innendekoration hat Paul Huldschinsky übernommen."

Der Auftritt für die Presse war Thomas Mann nur einen knappen Tagebucheintrag wert: „12 Uhr zum Bauplatz, wo sich Schlesinger, der Architekt, [Thomas Manns Sekretär Konrad] Katzenellenbogens und ein paar Journalisten vom Santa-Monica-Blättchen einfanden. Die Situation des Hauses, Aufnahmen." Fazit: „Überflüssig".

„Dass der Innenarchitekt auf dem Zeitungsfoto von der Grundsteinlegung des Hauses der Familie Mann nicht zu sehen ist, scheint wie ein sprechender Zufall; es ist beinahe, als sei der Großbürger in der Fremde verloren gegangen, ein anonymer Exilant, der an seinem Zufluchtsort verschwindet." Das schreibt Heinrich Wefing in „Das Haus des Zauberers" in „Building Paradise: Exile Architecture in California". Warum das Foto ohne Paul Huldschinsky gemacht wurde, wissen wir nicht. Denkbar wäre, dass die Beteiligten übereingekommen waren, dieser öffentliche Auftritt gebühre Davidson, und dass Paul Huldschinsky mit der Erwähnung als Innenarchitekt zufrieden war.

※

Ob die Filmbranche über Salka Viertel und ihren Jour fixe auf ihn aufmerksam geworden war, ist nicht bekannt. Paul Huldschinsky hielt jedenfalls sein Versprechen, obwohl er inzwischen bei MGM als Assistant Set Decorator arbeitete. Wie Thomas Manns Tagebüchern zu entnehmen ist, stellte er mit Katia am 23. August 1941 eine „Liste der notwendigen Ameublements" zusammen und begleitet sie in den folgenden Wochen wiederholt zu Möbelbesichtigungen und Einkäufen „downtown". An diesen Einkaufsfahrten zeigte Thomas Mann wenig Interesse. Wenn er mitfuhr, ließ er sich an der Promenade in Santa Monica absetzen. Nur zur Auswahl einer Tapete für sein Schlafzimmer kam er mit. Lieber besichtigte er den Bauplatz, manchmal allein, gerne mit Freunden. Er freute sich an den Fortschritten, die der Bau machte, und war immer wieder aufs Neue entzückt von dem herrlichen Ausblick.

Während Thomas und Katia Mann vom 15. Oktober bis zum 24. November 1941 eine sechswöchige Vortragsreise unternahmen, die sie über Texas, New Orleans, den Golf von Mexiko, Washington, Chicago, New York, Philadelphia und San Francisco führte, musste sich Paul Huldschinsky einer Operation unterziehen, vermutlich einem Eingriff an der Niere. Am 12. November 1941 schreibt er Nini aus dem Krankenhaus einen Geburtstagsbrief:

„Du meine süße geliebte Frau, Dein Geburtstag, der einzige wirklich wichtige Tag im Jahr, soll also nun verschoben werden, trotzdem ich weiß, wie ungern Du so etwas hast – ich werde vielleicht auch noch gar nicht daheim sein können, aber es ist doch nun einmal Dein Geburtstag u. soll mir die Möglichkeit geben, Dir sagen zu können, wie unendlich glücklich Du mich machst. Was Du alles allein in letzter Zeit wieder durchmachen musstest. In den paar Tagen meiner schlimmen Krankheit gelang es mir,

mir immer wieder vorzusagen: ich muss für meine Nini leben – ich habe keinen Moment nachgelassen u. es ist gelungen. Dieser Willens-Erfolg macht mich so ruhig u. zuversichtlich: ich werde immer für dich leben können u. nur für Dich. Du gabst mir wieder Mut und Glauben u. all das muss als Segen auf Deinen geliebten Kopf zurückstrahlen. Ich umarme Dich, meine süße Nini, so fest u. innig u. danke Dir hunderttausend Mal für Deine Liebe – für Dich. Dein Glori".

Von schlimmer Krankheit, Verzweiflung, neuem Lebensmut und seiner Dankbarkeit gegenüber Nini ist in dem berührenden Brief die Rede. Juliana, damals neun Jahre alt, kann sich erinnern, dass nach dieser Operation Beschwerden und körperliche Einschränkungen ihrem Vater zunehmend Probleme bereiteten. Am 27. November 1941 notiert Thomas Mann: „Zum Thee der von schwerer Krankheit genesene Huldschinsky".

Im Dezember 1941 traten die USA in den Zweiten Weltkrieg ein. Thomas Manns Kommentar: „Roosevelts Spiel ist gewonnen. [...] Möge es gut werden."

Zwei Tage später traf sich Paul Huldschinsky mit Katia im Haus, um die Möblierung der einzelnen Zimmer zu besprechen. Im Januar 1942 brachte er Stoffe und Tapeten zur Auswahl und wurde zu einer „Farbenkonferenz" mit Davidson und Schlesinger hinzugezogen, bei der es um die Außentönung des Hauses ging. Es dürfte Davidson nicht gefallen haben, dass die Manns bereits seine Baupläne mit Huldschinsky besprochen hatten, ihn nun hinzuzogen, wenn es um weitere Entscheidungen ging, und ihm die Inneneinrichtung übertragen hatten. Davidson hätte vermutlich die Räume entsprechend der Architektur des Baukörpers sachlich und funktional gestalten wollen. Paul Huldschinsky hatte die „Poschi" der Manns, ihr Haus in der Poschingerstraße, gekannt und glaubte zu wissen, in welcher Einrichtung sich Thomas und Katia wohlfühlen würden. Er kombinierte das vorhandene und mehrfach umgezogene Mobiliar mit einigen neuen dazu passenden Möbeln, wählte farblich harmonierende Tapeten und Stoffe für Gardinen und Sessel- und Stuhlbezüge und schuf damit eine der Familie vertraute und behagliche Wohnatmosphäre.

Als am 3. Februar Thomas Manns Arbeitszimmer im San Remo Drive aufgelöst wird, sein Schreibtisch geleert, Bücher und Zeitschriften verpackt werden, der Lastwagen für die Möbel und Kisten anrollt, graust es Thomas Mann vor dem Chaos der nächsten Tage und Katia vor dem „Schloss" – mit seinen 20 Zimmern auf 480 Quadratmeter Wohnfläche –, wie sie ihr neues Haus nannte. Zwei Tage später, am 5. Februar, bei ihrem Einzug, finden sie „Huldschinsky mit Frl. Landshoff und dem Dienerpaar nebst Golo tätig". Wie Thomas Mann befürchtet hatte: „Noch recht arger Zustand, chaotisch-provisorisch, aber Schmuckes und Erfreuliches versprechend. Notdürftige Installierung im Schlafzimmer, auf das [ich] vorläufig verwiesen bin." Am 7. Februar trinkt er Tee mit Paul und erfreut sich an seinem neuen Sofa, das Paul und Katia für sein Arbeitszimmer ausgesucht hatten. Es heißt, Thomas Mann habe das bequeme „kalifornische Sofa" mit seinem floralen Stoffbezug ganz besonders geliebt und bei Vorlesungen vorzugsweise dort Platz genommen.

Thomas Mann wünschte sich nach dem Einzug nur eines: „Ist mein Schreibtisch poliert, kann ich unten einziehen?" Am 14. Februar war es endlich soweit: „Schreibe zum ersten Mal im Arbeitszimmer, an meinem Münchener Schreibtisch, da wir das Zimmer, ohne die Schreinerarbeiten abzuwarten, möblierten. Nach dem Lunch Schlepperei aus dem Schlafzimmer und Einrichtung des Schreibtisches. Da oben Handwerker ruhte ich auf meinem neuen Sofa."

Paul Huldschinsky hatte das wichtigste Möbelstück im Haus, Thomas Manns Schreibtisch, eigenhändig poliert und anschließend mit Golos Hilfe die „schönen Sächlein", wie Thomas Manns Sammlung von Gegenständen auf dem Schreibtisch in der Familie bezeichnet wurde, in der gewohnten Anordnung darauf verteilt. Am Abend stellte Thomas Mann befriedigt fest: „Der siamesische Krieger steht wieder vor mir zwischen den Leuchtern. Die chinesische Aschenschale, die fehlte, hat sich wiedergefunden, nicht die Schlangenhaut-Vase. – Zufrieden stilistisch mit dem Studio, das den Charakter eines wohnlichen Werkraums hat." In einem Brief an Hermann Hesse im März schwärmt er vom „schönsten Arbeitszimmer" seines Lebens mit einem Panoramafenster und dem Blick in „den Garten mit seinen Palmen, Öl-, Pfeffer-, Citronen- und Eukalyptusbäumen, den wuchernden Blumen". Und an seinen alten Freund Georg Martin Richter, der ihm in den Jahren 1919 bis 1923 sein „Villino" in Feldafing am Starnberger See als Erholungs- und Schreibort zur Verfügung gestellt hatte, schreibt er: „Ich wollte Dr. Goebbels könnte es sehen".

Auch nachdem Thomas und Katia Mann das Haus bezogen hatten, ist Paul Huldschinsky immer wieder dort tätig gewesen, was Thomas Mann offensichtlich wichtig war. Jedes Mal hat er im Tagebuch vermerkt, wenn „Hulle“ wieder Hand angelegt bzw. etwas zu verbessern gefunden, ihnen einen Schrank und eine Bank aus eigenem Bestand gebracht hatte, eine Auswahl von Stoffüberzügen, bei „der Installierung der Standuhr“ behilflich gewesen war, beim „Aufhängen des chines. Brokats im Eßzimmer“ und beim „Aufhängen des 2. Brokats im Eßzimmer und des Breughels im Wohnzimmer“ und beim Legen von Teppichen, die aus Princeton eingetroffen waren. „Der meine aus Küsnacht vor dem Sofa.“ Bilder, die er neu hatte rahmen lassen, hing Paul Huldschinsky persönlich auf und gelegentlich auch wieder um – sehr zur Zufriedenheit des Hausherrn: „Neue Arrangements, vorteilhaft für das Auge“, heißt es dann im Tagebuch.

„So wohnen wir nun in einem modernen Haus“, soll Katia Mann 1948 in einem Interview gesagt haben. „Wir mögen es dennoch.“ Vielleicht ist es letztlich Paul Huldschinskys Verdienst gewesen, dass sie es „dennoch“ mochten. Viele Jahre später hat Katia Mann noch einmal erklärt: „[E]r hat es wunderhübsch gemacht. Es war ein reizendes Haus.“ Thomas Mann soll 1953, als er nach Europa zurückgekehrt war, wehmütig festgestellt haben: „Das Haus war so ganz das meine.“

Wenn in der Vergangenheit behauptet wurde, eine Freundschaft zwischen Paul Huldschinsky und Thomas und Katia Mann habe seit München bestanden, ist das übertrieben gewesen. Die damalige Verbindung hatte auf der langjährigen Freundschaft von Hedwig Pringsheim zu den Fürstenbergs beruht. Deshalb waren Paul und Lella Huldschinsky einige Male Gäste im Hause Pringsheim. Außerdem werden in Hedwig Pringsheims Tagebüchern gelegentliche Begegnungen mit Paul Huldschinsky bei kulturellen Veranstaltungen erwähnt. Die Nachbarschaft im Herzogpark scheint aber nicht zu einem engen oder gar freundschaftlichen Kontakt von Paul und Lella Huldschinsky mit Thomas und Katia Mann geführt zu haben. Ihre Namen finden sich kein einziges Mal im Gästebuch des Hulle-Hauses. Erst in Kalifornien ist man sich wirklich nähergekommen. Paul und Nini gehörten im neuen Haus zum engen Kreis der Gäste, die häufig eingeladen wurden, ob zum Tee, Lunch oder Abendessen und zu Thomas Manns Lesungen. So heißt es beispielsweise am 8. August 1943: „Nach dem Abendessen Huldschinsky's. Für sie, Klaus (Peter Pr., Moni, K.) nochmalige Vorlesung der ersten 3 Kapitel des Dr. Faust mit größerem Eindruck als neulich."

⁂

Von Juliana wissen wir, dass ihr Halbbruder Ernst aus der Wehrmacht desertierte und 1941 in die USA gelangte. Er sei ein phantastischer Skifahrer gewesen und habe zunächst amerikanische Soldaten in den schneereichen Höhen Colorados trainiert. Nachdem er 1943 Arietta Hope geheiratet hatte, betrieb Ernst mit ihr eine kleine Ranch. Vorher hatte er die Agua Piedra Lodge „Tres Ritos" nahe Taos in New Mexiko gegründet, wo ihn im Juli 1942 Nini für zwei Wochen mit der zehnjährigen Juliana besuchte. Die längere Trennung von Nini scheint Paul Huldschinsky ungemein schwer gefallen zu sein, obwohl er ihr diese Auszeit und das Zusammensein mit ihrem Sohn von Herzen gönnte. Zu ihrem 14. Hochzeitstag am 18. Juli, den sie wohl erstmals nicht miteinander verbrachten, hat er ihr wieder einen sehr berührenden Brief geschrieben:

„Meine geliebte Frau Du, wenn mich mein Gedächtnis nicht trügt, habe ich nun schon 14 Jahre lang das unendliche Glück, mit Dir verheiratet zu sein. Dass man im Leben den Menschen trifft, sicher den einzigen, zu dem man gehört, kommt, glaube ich, manchmal vor. Dass man ihn heiraten u. mit ihm leben kann, ist ein so seltener Fall, dass ich mich hocherhoben fühle über alle anderen. Ich bin so unendlich glücklich mit Dir, mit jedem Gedanken, den Du hast, u. jeder Bewegung, die Du machst – mit Deiner Klarheit u. Intensität u. Deinem Glauben und Deinem Aussehen. Du siehst so bezaubernd aus, mein Ninilein, neben allem anderen noch als Geschenk dazu. Ich habe Dir soviel Sorge gemacht im vergangenen Jahr durch meine blöde Operation – in unserem 15ten soll der liebe Gott mir erlauben, Dich vor allem Bösen zu bewahren. Abends wenn ich heimkomme, umfängt mich Deine Atmosphäre – ich spüre Dich überall u. bin Dir so nah."

Paul Huldschinsky schreibt Nini jeden zweiten Tag, erkundigt sich wiederholt, ob sie auch alles zu ihrem Wohlbefinden habe, und bittet sie, keinesfalls sparsam zu sein, er könne ihr jederzeit Geld schicken.

Ausführlich berichtet er, wie die Tage ohne sie verlaufen. Er sei beim Arzt gewesen, der sich bei der Untersuchung zufrieden gezeigt habe. Es gehe zwar langsam vorwärts, aber Hauptsache sei doch, „dass der Zustand nicht chronisch würde". Er erzählt von einer sehr netten Essenseinladung bei Bruno und Liesl Frank zusammen mit Fritzi Massary, Wilhelm Speyer und dem Ehepaar Marcuse, und dass Lorilott sich rührend um ihn kümmere. Zu seinem Erstaunen scheine ihr das Kochen zunehmend Spaß zu machen, und es würde auch alles sehr gut schmecken. Zum Lunch habe er sich am neu eröffneten „Farmer's Market" getroffen, mal mit Wilhelm Speyer, mal mit Max Reinhardts Sohn Wolfgang. Baby, Marie-Anne von Goldschmidt-Rothschild, rufe ihn „im Durchschnitt zwölfmal am Abend" an. Sie habe für zwei Monate ein Haus in Beverly Hills gemietet mit einem wunderbaren Pool, der auch ihnen uneingeschränkt zur Verfügung stehen würde. Weil das Haus nicht möbliert sei, koste die Miete nur 200 Dollar, und Baby möchte aus seinem Bestand Tische, Stühle, Lampen, Nippes mieten. Ihr Sohn, Gilbert de Goldschmidt, sei mal wieder bei ihm im Studio gewesen, „um die Hepburn und Tracy auf dem Set zu sehen". Am Mittwoch habe man ihm „einen neuen short" übergeben, der am Sonntag gedreht würde. Er habe nur zwei Tage Zeit dafür, aber er „gruselt" sich gar nicht mehr davor. Vermutlich handelte es sich dabei um einen Kurzfilm, für den er die Beratung machen sollte. Da in der Filmbranche nach der Devise „Zeit ist Geld" immer unter Zeitdruck gearbeitet werden muss, kann man sich vorstellen, dass das Tempo am Set Paul Huldschinsky anfangs sehr zugesetzt hat. Der Nicht-Schnellfertigmacher mochte es gar nicht, nach der Uhr zu funktionieren.

In seinem letzten Brief vor Ninis Rückkehr bekümmert ihn, dass er es nicht geschafft hat, ihre Esszimmerstühle neu beziehen zu lassen, aber noch immer habe er nicht den richtigen Stoff gefunden. Er freut sich auf sie, denn nur „schlecht und recht" hat er während ihrer Abwesenheit auf ihrer Bettseite geschlafen. Er denkt an sie „mit seit 22 Jahren unverminderter Sehnsucht, Liebe und Begeisterung".

*

Nachdem sich Planung und Bau des Hauses von Thomas und Katia Mann unvorhergesehen lang hingezogen hatten, bleibt die Frage, ob sein Einsatz Paul Huldschinsky überhaupt noch die von ihm erhoffte Publicity gebracht hat. Bevor er 1941 von MGM fest engagiert wurde, hatte er bereits die technische Beratung für den Film „Escape" (1940) unter der Regie von George Cukor gemacht. Bezeichnenderweise erwähnt er in zwei erhaltenen Briefen, die er nach Kriegsende an Ninis Sohn Andrej und an seine Tochter Annemie geschrieben hat, mit keiner Silbe, dass er das Haus der Manns eingerichtet hatte. Über Freundschaftsdienste hat Paul Huldschinsky zeitlebens nicht viele Worte verloren.

Jahrelang hatte es wenig schriftlichen Kontakt mit Ninis und seinen Kindern gegeben. Viele Briefe waren anscheinend verloren gegangen. Deshalb berichtet er am 19. November 1945 Anderl, wie Andrej in der Familie genannt wurde, und am 1. August 1946 seiner Tochter Annemie ausführlich über ihr Leben in den vergangenen Jahren: „Im Anfang war es materiell sehr schwer: MGM engagierte mich 1941 als Assistent Set Decorator mit 56 Dollar wöchentlich! Und ich habe das brav fast anderthalb Jahre durchgestanden. Gott sei Dank verdiente Richard, Nini's Bruder, an den du dich sicher noch erinnerst, viel Geld und half uns auf die netteste Weise, wenn was schief ging, ich z. B. krank wurde und in den Jahren [19]41–45 leider fünfmal operiert werden musste. Ohne Richards Hilfe wäre das alles gar nicht möglich gewesen. Diese Operationen haben Nini all ihre guten Nerven gekostet."

„Bergauf" sei es erst ab 1943 gegangen, da „entdeckte mich Mr. George Cukor, ein besonders netter, sehr berühmter Director bei der MGM und machte mich zum vollen Set Decorator, damit ich seinen Film ‚Gaslight' ausstatten konnte. Gleich für die Ausstattung dieses meines ersten Films bekam ich den ‚Oscar'." Seine Mitarbeit 1940 bei Cukors Film „Escape" zählte er offensichtlich nicht.

In dem Psychodrama „Gaslight" oder „Das Haus der Lady Alquist" (1938) mit Ingrid Bergman, Joseph Cotton und Charles Boyer, das auf ein Theaterstück von Patrick Hamilton zurückgeht, wird die Geschichte einer jungen Frau erzählt, deren Ehemann ihre Wahrnehmung durch das Ein- und Ausschalten verschiedener mit Gas betriebener Lichter manipuliert und damit versucht, sie in den Wahnsinn zu treiben, um an den wertvollen

Schmuck ihrer verstorbenen Tante zu gelangen. Nebenbei bemerkt hat der Filmtitel dazu geführt, dass seit den 1960er-Jahren in der Psychologie eine Form von psychischer Manipulation mit „Gaslighting“ bezeichnet wird.

George Cukor war jedenfalls nicht durch Paul Huldschinskys Arbeit für die Manns auf ihn aufmerksam geworden. In einem Interview erklärte der Regisseur, er habe Paul Huldschinsky unbedingt für den Film haben wollen, weil dieser „einen großartigen Geschmack“ besaß, und der ihn, inspiriert von „Punch“ und Zeichnungen von George du Maurier, bei der stilvollen und aufwendigen Ausstattung der Filmsets ausgezeichnet beraten und damit dem Film eine authentische spätviktorianische Atmosphäre und eine besondere visuelle Qualität verliehen habe. Viele der von ihm eingesetzten Ausstattungsdetails hatte Paul Huldschinsky aus seiner Kindheit gekannt, beispielsweise den Gobelin-Klingelzug, mit dem bei ihm zu Hause nach dem Personal geläutet wurde und der in der Handlung des Films eine wichtige Rolle spielt.

MOTION PICTURE EMPLOYEE
IDENTIFICATION CARD No. 13873
Paul O. Huldschinsky
NAME
557-20-4774
SOCIAL SECURITY NO.
SIGNATURE
VALIDATING SIGNATURE

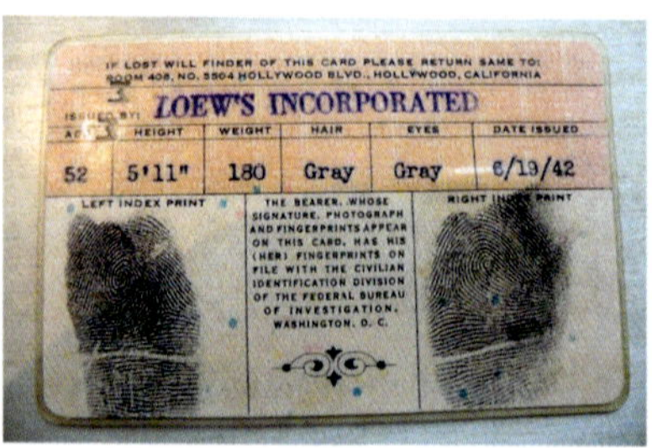
IF LOST WILL FINDER OF THIS CARD PLEASE RETURN SAME TO: ROOM 408, NO. 5504 HOLLYWOOD BLVD., HOLLYWOOD, CALIFORNIA
ISSUED BY: LOEW'S INCORPORATED

AGE	HEIGHT	WEIGHT	HAIR	EYES	DATE ISSUED
52	5'11"	180	Gray	Gray	6/19/42

LEFT INDEX PRINT
THE BEARER, WHOSE SIGNATURE, PHOTOGRAPH AND FINGERPRINTS APPEAR ON THIS CARD, HAS HIS (HER) FINGERPRINTS ON FILE WITH THE CIVILIAN IDENTIFICATION DIVISION OF THE FEDERAL BUREAU OF INVESTIGATION, WASHINGTON, D. C.
RIGHT INDEX PRINT

Ausweis von Metro-Goldwyn-Mayer für Paul Huldschinsky

Am 15. März 1945 wurde Ingrid Bergman für ihre Darstellung der Lady Alquist in „Grauman's Chinese Theatre“ der „Oscar“ verliehen und Paul Huldschinsky gemeinsam mit dem Art Director von MGM, Cedric Gibbons, und seinen Kollegen William Ferrari und Edwin Willis für die beste „Interior Decoration“ ausgezeichnet. Damit gehörte Paul Huldschinsky nach dem Schauspieler Emil Jannings, der 1929 einen Oscar verliehen bekommen hatte, Hanns Kräly 1930 für sein Drehbuch, Luise Rainer 1937 als beste Hauptdarstellerin und 1938 Karl Freund für die beste Kamera, zu den ersten Deutschen, die in Hollywood ausgezeichnet wurden. Soweit

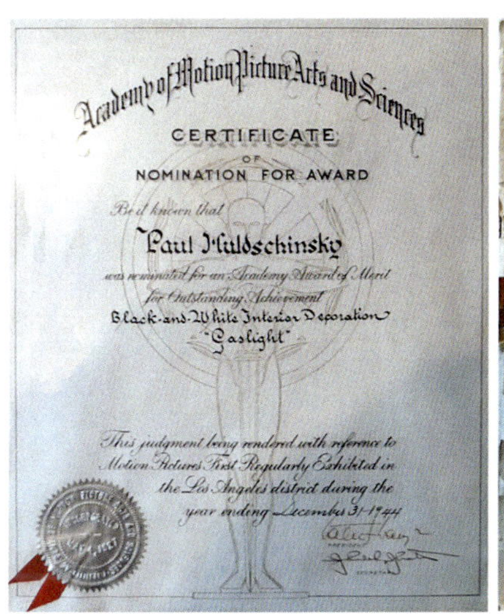

Academy of Motion Picture Arts and Sciences

CERTIFICATE
OF
NOMINATION FOR AWARD

Be it known that
Paul Huldschinsky
was nominated for an Academy Award of Merit
for Outstanding Achievement
Black-and-White Interior Decoration
"Gaslight"

This judgment being rendered with reference to
Motion Pictures First Regularly Exhibited in
the Los Angeles district during the
year ending December 31-1944

Oscar-Urkunde für Paul Huldschinsky, Dezember 1944

THE Hollywood REPORTER

TODAY'S FILM NEWS TODAY

'WAY', BING, M'CAREY TOP AWARDS

Guild Mediation Fails; SAG Urges Members To Work

ACADEMY AWARDS WINNERS

IRVING G. THALBERG AWARD

OUTSTANDING PICTURE
"GOING MY WAY," Paramount

PERFORMANCES

BEST DIRECTION

BEST WRITTEN SCREENPLAY

BEST ORIGINAL SCREENPLAY

BEST ORIGINAL MOTION PICTURE STORY

BEST ART DIRECTION

BEST CINEMATOGRAPHY

BEST SOUND RECORDING

BEST FILM EDITING

SPECIAL EFFECTS

BEST SET DECORATION ON PICTURES RECEIVING AWARDS FOR ART DIRECTION

'Wilson' Is Close Second; Thalberg Award To Zanuck

Execs Departing

Technicolor Dividend

MGM Buys 'Flight'

· CONGRATULATIONS ACADEMY AWARD WINNERS ·

Der *Hollywood Reporter* gratuliert allen Oscar-Gewinnern, 16. März 1945

sich Juliana erinnern kann, hat ihr Vater aus gesundheitlichen Gründen an der Oscar-Verleihung persönlich nicht teilgenommen. 1944 kam der Film „Gaslight" in die Kinos und war ein großer Erfolg.

Nach seiner Operation im November 1941 schien sich Paul Huldschinsky gesundheitlich zunächst erholt zu haben. Nach „Gaslight" arbeitete er als Berater für die Ausstattung von „Meet Me in St. Louis", einem in Technicolor-Farben gedrehten Musical vor dem Hintergrund der Weltausstellung von 1904 mit Judy Garland in der Hauptrolle. Der Film kam ebenfalls 1944 in die Kinos und galt als ein Höhepunkt in der Geschichte des amerikanischen Filmmusicals.

Plakat zu „Gaslight", für dessen „Black and White Interior Decoration" Paul Huldschinsky der Oscar verliehen wurde

Am 14. August 1944 notiert Thomas Mann im Tagebuch – offensichtlich nach einem Krankenhausbesuch: „Huldschinsky, auf dem Hospital-Leidensbett gelabt von dem Buch. Kleiner Vergil aus dem 17. Jahrhundert zum Geschenk." Und am 19. September, Huldschinsky habe ihm gedankt, weil „Joseph IV und II" während des Krankenhausaufenthalts ihm Trost gewährt hätten. Am 9. Dezember 1944 zeigt sich Thomas Mann „betrübt über die Nachricht, dass H. aufs neue operiert und eine Niere entfernt werden muss". In seinem Brief an Tochter Annemie erklärt Paul Huldschinsky: „In der letzten Operation nahmen mir die Ärzte die kranke Niere heraus; nun habe ich nur eine Niere, fühle mich aber sehr viel besser als vorher. [...] [A]ber im ganzen bin ich leider zu alt und durch die verfl... Operationen zu zerschnitten für diesen Beruf: Er ist so sehr anstrengend. Trotzdem bin ich selig, ihn zu haben und selig mit dem Paycheck pünktlich an jedem Donnerstag." Ähnlich hatte er sich im Jahr zuvor in dem Brief an Andrej geäußert: „Für meinen Beruf hier in der Metro, der recht interessant ist, bin ich zu alt: es strengt mich oft recht an, so viel zwischen den Studios, wo aufgenommen wird, u. de[m] office, wo ich zu tun habe, hin- und herzurennen u. eigentlich immer in Bewegung zu sein. Ich müsste mir gelegentlich einen ruhigeren Posten aussuchen."

Aus dem beruflichen Kürzertreten nach seiner schweren Operation war wohl nichts geworden. 1945 und 1946 arbeitete er bei dem Mystery-Film „The Hidden Eye" als assistierender Set Decorator mit, ebenso bei „Son of Lassie" und „Courage of Lassie" mit der damals vierzehnjährigen Elizabeth Taylor und bei dem Kriegsdrama „Gallant Bess". Und am 12. April 1946 schreibt er Nini einen Brief aus Monterey, wo er bei Szenen zu „Desire me" mit Robert Mitchum und Greer Garson unter der Regie von George Cukor gebraucht wurde. Die Filmadaption beruhte auf der Novelle „Karl und Anna" von Leonhard Frank und war in die Zeit des Zweiten Weltkriegs verlegt worden. Der kleine Fischerort sollte später mit dem Film „Cannery Row" („Straße der Ölsardinen") berühmt werden.

Paul Huldschinsky gesteht in diesem Brief sich selbst und Nini ein, dass ihm die Arbeit beim Film zunehmend schwer falle: „[W]as hab ich das eigentlich nötig, mich von dir zu trennen, um eine so dämliche Arbeit zu machen? Mitgefangen – mitgehangen." Er bedauert, dass er nicht darauf bestanden habe, Nini und Juliana für die paar Tage mitzunehmen.

„Ich denke dann immer, die Packerei für Dich u. das Kind macht Dir mehr Mühe u. Arbeit, als die Erholung wert ist – u. dann lass ichs gehen u. rede nicht mehr davon. Dabei wünsche ich mirs so sehr. Die Nächte ohne Dich sind immer scheußlich." Der Schlusssatz seines Briefs weist allerdings nicht unbedingt darauf hin, dass er vorhatte, weniger zu arbeiten: „[B]ald werde ich ja eh mehr Geld verdienen u. dann alles nachholen können. Ich küsse Dich, mein liebstes Herz – ich liebe Dich. Dein Glori".

Wie seinem Brief an Annemie vom 1. August 1946 zu entnehmen ist, gab er trotz aller gesundheitlicher Probleme und Beschwerden nicht auf, machte weiter: „Zur Zeit hat mich Paramount von MGM weggeholt, damit ich dort für sie einen 1905 in Österreich spielenden Film ausstatte, ‚Emperor Waltz'." Die operettenhafte Komödie mit Bing Crosby und Joan Fontaine war der erste Farbfilm des Regisseurs Billy Wilder. In Deutschland kam der Film 1948 unter dem Titel „Ich küsse Ihre Hand, Madame" in die Kinos, und soll, wie es heißt, sowohl in den USA als auch hier ein großer Erfolg an den Kinokassen gewesen sein.

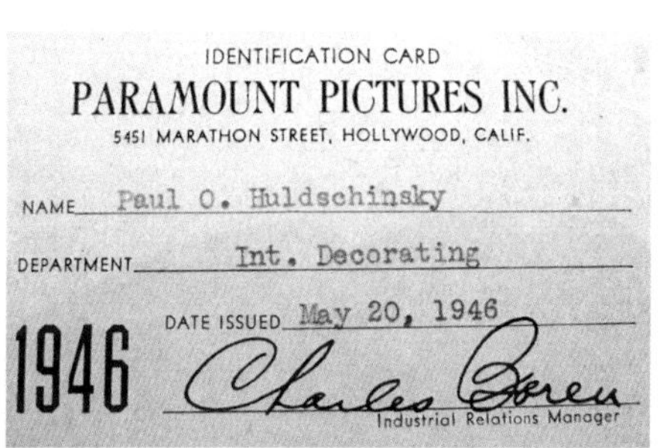
IDENTIFICATION CARD
PARAMOUNT PICTURES INC.
5451 MARATHON STREET, HOLLYWOOD, CALIF.

NAME Paul O. Huldschinsky

DEPARTMENT Int. Decorating

DATE ISSUED May 20, 1946

1946

Industrial Relations Manager

Ausweis für Paul Huldschinsky von Paramount Pictures Corporation, Mai 1946

Am 6. Juni gratulierte Paul Huldschinsky mit anderen Gästen Thomas Mann zu seinem 71. Geburtstag. Gut einen Monat später, am 16. Juli, notiert Thomas Mann: „Zum Abendessen Huldschinskys. Greisenhafte Haltung bei wenig mehr als 50 Jahren". Hinsichtlich des Alters irrte Thomas Mann. Paul Huldschinsky war zu dem Zeitpunkt 57 Jahre alt. Am 28. Juli kam er zur nachmittäglichen Teestunde und ließ es sich nicht nehmen, „den Picasso" über Katias Bett aufzuhängen. Vier Tage zuvor hatte Katia Mann zu ihrem 63. Geburtstag Picassos Pastell „Mutter u. Kind" geschenkt bekommen. Am 3. August schreibt Thomas Mann: „Traurige Nachrichten über Freund Huldschinsky. Inoperabler Magenkrebs. Bekümmert." Im Frühjahr hatte Thomas Mann selbst sich einer schweren Operation unterziehen müssen, bei der drei Viertel seiner rechten Lunge entfernt worden waren. Es handelte sich, wie Katia Mann ihren ältesten Sohn Klaus informierte, „leider um Lungen-Krebs, und wenn er jeden Verdacht hatte, was ich allerdings sicher glaube, so hat er ihn radikal verdrängt und völlig die ihm dargebotene Version eines harmlosen Lungen-Abszesses angenommen".

Paul Huldschinskys letzter erhaltener Brief an Nini ist vom 18. Juli 1946, ihrem 18. Hochzeitstag: „Gott schütze Dich, mein geliebtes Herz, u. vergelts Dir, was Du mir wieder in diesem Jahr Liebes, Gutes, Nachsichtiges, Fürsorglichstes angetan hast. Ich bin so glücklich mit Deiner Liebe und Deiner Pflege u. empfinde alles tausendfach, was Du für mich tust u. wie Du es für mich tust. Dass ich Dir mit meinem Gesundheitszustand so schwere Sorgen machen muss, ist sehr arg – sicher brauchst Du die Pflege u. Sorge viel nötiger als ich. Aber alles ist gut, weil Du da bist u. ich bei Dir sein darf. Ich küsse Dich in innigster Liebe. Dein Glori".

※

Im August 1946 ist Jannie nach Los Angeles geflogen. Nini hatte sie angerufen. Ob sie kommen könne? Ihr Vater habe Magenkrebs und die Ärzte hätten alle Hoffnungen aufgegeben. Frederik hatte ihr ein Visum und einen Flug als Stand-by-Passagier beschafft. Achtzehn Stunden hatte ihr Flug über New York und mit zwei Zwischenlandungen gedauert. Ernst holte sie um vier morgens in seinem kleinen Auto am Flughafen in Los Angeles ab. Er und Jannie hatten sich als Heranwachsende gut verstanden. Von ihren Fahrradtouren, Bergwanderungen und Segelausflügen hatte damals nur Paul gewusst. Lella durfte davon nichts erfahren. Sie wäre außer sich gewesen, weil sie Jannie und Annemie jeglichen Kontakt zu Paul und seiner neuen Familie verboten hatte.

In ihren Lebenserinnerungen beschreibt Jannie das Wiedersehen mit ihrem Vater, Nini, Lorilott und Juliana nach acht Jahren, ihre Eindrücke und Erlebnisse in den USA: „Das Haus war klein und so mit Maulbeeren überwuchert, dass man sie beiseiteschieben musste, um die Haustür zu öffnen. Man stand sofort im Wohnzimmer, und da fühlte ich mich so plötzlich wieder zuhause, als hätte jemand den verschwommenen Film scharf eingestellt. All die vertrauten Möbel, die vielen Bücher an den Wänden und mein Vater mit schneeweißen, aber immer noch vollen Haaren, mit viel mehr Linien in seinem Gesicht, aber unverkennbar und alles in allem mein Vater. Nini hatte sich kaum verändert, aber Juliana wohl, die jetzt vierzehn Jahre war, ein typischer amerikanischer Teenager. Ernst hatte geheiratet und hatte eine kleine Tochter. Seine Frau hieß Hope und war groß und ziemlich männlich. Sie hatten ein kleines Haus in der Nähe. Nini war nicht von bester Gesundheit, wollte meinen Vater versorgen und immer in seiner Nähe bleiben. Lorilott, Ninis schöne Tochter, lebte auch in dem Haus, war aber verlobt mit einem sehr schicken und reichen jungen Mann aus San Francisco und deshalb nicht oft anwesend. Mein Vater ruhte sich oft aus, aber klagte nie. Er las viel, oft auch uns am Abend vor. Dann erschien er mir mit seinem ernsten Gesicht und dem mächtigen weißen Kopf wie ein König aus einem anderen Land. Er war ganz anders, als ich mir einen im Sterben liegenden Mann vorgestellt hatte, sah immer noch so elegant und gepflegt aus wie früher und war vollkommen unamerikanisch. Schon damals bekam er Injektionen gegen die Schmerzen und aß wenig, aber er stand noch jeden Tag auf."

Paul Huldschinsky nahm Jannie mehrmals mit in die Studios. Sie war fasziniert von dem Betrieb auf dem Filmgelände, durfte bei Aufnahmen zu Billy Wilders Film „Emperor Waltz" mit Bing Crosby und Joan Fontaine zuschauen, sah die nachgebauten Räumlichkeiten eines österreichischen Hotels und in einer anderen Halle einen schlossähnlichen Ballsaal für den Film. Sie glaubte, einige Möbel als die ihres Vaters wieder erkannt zu haben, und schreibt, dass sie über die vielen Details in der Ausstattung gestaunt habe, die Hängegeranien in Balkonkästen, Hirschgeweihe an den Wänden, Bierkrüge auf rot-weiß-karierten Tischdecken, wie echt aussehende Kristallluster mit Wachskerzen, Samtportieren, Vorhangkordeln mit schweren Troddeln usw. Ihr Vater habe ihr damals erklärt, auch wenn die Zuschauer im Kino später diese Details vielleicht im Einzelnen nicht wahrnähmen, schaffe aber erst alles zusammen eine authentische Atmosphäre, auf die es doch letztendlich ankomme.

Zwei Mal begleitete Jannie ihren Vater auch zu Thomas und Katia Mann. Tagebucheintrag von Thomas Mann am 16. September 1946: „Zum Abendessen Huldschinsky mit Tochter. Der totkranke Mann gefiel mir sehr durch seine guten Manieren." Einmal holte Katia Mann Jannie zu einem langen Strandspaziergang in Santa Monica ab. Jannie hatte keine Erinnerungen mehr an die Manns in München. Am ehesten habe sie sich noch an Michael, den jüngsten Sohn, erinnern können, weil er wie sie und Annemie das Internat von Schloss Neubeuern besucht hatte. Jannie schreibt voll Bewunderung von Katia Manns „sprechenden, lebendigen, dunklen Augen in einem schönen Gesicht und ihren kurzen grauen, kräftigen Haaren. Sie war nicht besonders groß, aber körperlich ebenso stark und beweglich wie in ihrer ganzen Art." Thomas Mann hingegen habe sie anfangs eingeschüchtert. Er „war zurückhaltend und streng, konnte aber in einem animierten Gespräch und in Gegenwart besonderer Menschen auftauen. Er sprach ein perfektes Hochdeutsch und wählte seine Worte mit Sorgfalt. Er war allerdings so sehr von einer Aura der Berühmtheit und des Bewundertwerdens umgeben, dass man sich ihm immer weit unterlegen fühlte und dass selbst sein ab und zu durchbrechendes Lächeln und sein Charme ein wenig herablassend wirkten. Eines Abends las er aus dem Buch über den Hochstapler Felix Krull vor. Er las fesselnd und mit Humor, und ich erinnere mich noch, wie mein Vater entspannt lachte."

Einige Protagonisten der Zentrale des geistigen Lebens von ganz Europa, wie Paul Huldschinsky 1939 Hollywood genannt hatte, die auch Jannie bekannt gewesen waren, gab es nicht mehr bzw. befanden sich im Aufbruch. Max Reinhardt war am 31. Oktober 1943 gestorben, und Helene Thimig, Reinhardts Ehefrau, war angefragt worden, ob sie im „Jedermann" bei den Festspielen in Salzburg mitspielen wolle. Unbeschreiblicher Jubel habe sie erfüllt, schreibt Helen Thimig, als sie 1946 „aus dem satten, schönen, reichen Kalifornien ins arme, zerbombte und hungrige Österreich kam. Ich durfte wieder Theater spielen, ich war wieder daheim in meiner Sprache!" Bruno Frank war am 20. Juni 1945 verstorben, an einem Tag einfach nicht mehr aus seinem Mittagsschlaf aufgewacht. Seine Frau Liesl war nach New York zu Alfred und Elise Polgar gezogen und hatte einen Job als Literaturagentin gefunden. Baby hatte mit ihrem Sohn Kalifornien verlassen – ihre Tochter Antoinette/Nina hatte einen Amerikaner geheiratet. Sie lebte nun wieder auf ihrem herrlichen Besitz „Le Vaisseau" in Südfrankreich. Auch Wilhelm Speyer trug sich mit dem Gedanken, nach Europa zurückzugehen. Seit dem Auslaufen seines Vertrags bei Metro-Goldwyn-Mayer war er auf die Unterstützung von Freunden und des

European Film Fund angewiesen, da er aus gesundheitlichen Gründen keiner geregelten Arbeit nachgehen konnte.

Aus Amsterdam hatte Jannie einen Brief von Max Beckmann mitgebracht, den sie Stephan Lackner, einem engen Freund des Malers überbringen sollte. Ein junger deutscher Arzt, der täglich ins Haus kam und ihrem Vater eine Injektion gegen die Schmerzen verabreichte, fuhr sie nach Santa Barbara, da für Paul die Autofahrt zu anstrengend gewesen wäre. Stephan Lackner lebte seit 1940 mit seiner Familie in dem aus einer Missionsstation im 18. Jahrhundert hervorgegangenen malerischen Ort vor der beeindruckenden Gebirgskulisse der Santa Ynez Mountains. Der 1910 in Paris als Ernest Gustave Morgenroth und Sohn eines jüdischen Unternehmers geborene Schriftsteller hatte schon früh Arbeiten von Max Beckmann erworben und ihn auch nach dessen Emigration in die Niederlande durch regelmäßige Ankäufe von Bildern unterstützt, solange es die politischen Verhältnisse zugelassen hatten. Jannie war in den vergangenen Jahren oft mit Max Beckmann und seiner Frau Quappi zusammen gewesen. Sie schreibt: „Lackner empfing uns dann auch sehr erfreut in seinem phantastisch schönen Haus. Dort hingen viele Gemälde von Beckmann, und ich glaube, auch eins der großen Tryptichen. Er wollte alles über Max und Quappi wissen." Also berichtete sie von der beengten Zweizimmerwohnung in einem Speicherhaus am Rokin, von der auf einer Plattform montierten Kochnische, die nur über eine Leiter zu erreichen war, von Beckmanns Atelier mit schräg abfallendem Dach und Oberlicht im zweiten Stock, wo es nach Tabak und Farbe roch. Sie erzählte, wie sich Beckmann während der vergangenen Jahre in die Arbeit geflüchtet und wie im Rausch gemalt hatte, und dass an den Wänden ringsum die Gemälde in verschiedensten Größen mit dem Gesicht zur Wand standen. Sie erzählte, wie der Maler ihr bei einem Besuch das Bild „Odysseus und Kalypso" gezeigt habe und wie überwältigt sie gewesen sei. Sie erzählte von Max Beckmanns Schrecken, wenn wieder ein Gestellungsbefehl eingetroffen war, und seiner Erleichterung, wenn er als dienstuntauglich entlassen wurde, von den gesundheitlichen Beschwerden nach einem Fahrradunfall und seinem Leiden an Angina pectoris, und wie sehr dem Maler die Isolation und seine Zukunftsängste zu schaffen gemacht hätten.

Jannie hatte sich in der Mesa Road schnell eingelebt und dem Tagesrhythmus im Haus angepasst. Sie liebte es, am frühen Morgen ganz allein am Strand entlang zu gehen und die Pelikane und Strandläufer – Sanderlinge heißen sie in Kalifornien – zu beobachten. Anschließend wässerte sie den Garten, machte Frühstück, half Nini im Haushalt und bei den Einkäufen. Allmählich sei auch das Gespräch zwischen ihr, ihrem Vater und Nini wieder in Gang gekommen. Sie erinnerte ihren Vater an ihre gemeinsamen Ausflüge von Amsterdam aus nach Den Haag, Delft, Haarlem und Rotterdam, wo er ihr das Mauritshaus, das Kröller-Möller-Museum, das Museum Boijmans Van Beuningen und noch vieles mehr gezeigt hatte. Sie erzählte Paul und Nini, wie gut und unbeschwert sie die ersten Jahre in Amsterdam noch hatten leben können, weil Frederik in weiser Voraussicht drei Kinos erworben hatte, zwei kleine und ein großes im Amsterdamer Jordaan-Viertel. Ab 1942 war das Leben dann ebenfalls für ihre Familie schwieriger geworden. Inzwischen hatten sie vier Kinder und mussten sich daneben um ihre Mutter kümmern, die auch nach Amsterdam gezogen war. Mit Hilfe eines Freundes hatten sie für Lella eine sichere Adresse zum Untertauchen gefunden. Zunächst war eines von Frederiks Kinos von den Deutschen beschlagnahmt worden. Dann wurden amerikanische Filme verboten, und da man nach Einbruch der Dämmerung nicht mehr auf die Straße durfte, fielen die Abendvorstellungen aus. Bald darauf wurden auch die zwei anderen Kinos geschlossen. Dank der Freunde von Frederik mit Beziehungen zum Schwarzmarkt habe er sie alle, Lella eingeschlossen, ganz gut über Wasser halten können.

Sie erzählte von Walter Frommel, den Paul auch gut gekannt hatte und der ein wichtiger Gesprächspartner für Max Beckmann geworden war. Sie beschrieb das Bild „Les Artistes mit Gemüse", auf dem Beckmann die Maler Friedrich Vordemberge-Gildewart, Otto Herbert Fiedler, sich selbst und den Schriftsteller Wolfgang Frommel mit Pelzmütze porträtiert hat. Sie alle zeigen in der Notzeit nicht mehr ihre Werke. Stattdessen präsentieren sie Lebensmittel als Ausdruck des Mangels. Paul verstand gut, dass Jannie von dem „charismatischen Freundesmensch" Walter Frommel mit seinem wilden Haarschopf, seinem durchdringenden Blick und seiner klaren, schönen Sprache zutiefst beeindruckt war. Ihre Verehrung für ihn habe aber noch andere Gründe, erklärte sie. Ihm verdankte eine kleine Gruppe politisch verfolgter und jüdischer junger Männer ihr Leben. (Einen der jungen Männer, Friedrich W. Buri, sollte Jannie nach ihrer Scheidung von Frederik 1948 heiraten.) Die Jahre der deutschen Besatzung in Holland hatten sie unter dem Schutz von Frommel überlebt, in der Wohnung der Malerin Gisele van Waterschoot van der Gracht an der Herengracht 401, die sie Frommel dafür überlassen hatte. Jannie erzählte, wie Wolfgang Frommel tagsüber unterwegs gewesen war, um für sich und seine Schützlinge Lebensmittel zu beschaffen. Sie beschrieb die in einem alten Pianola und in Wandschränken geschaffenen engen Hohlräume, wo sich die jungen Männer versteckt halten mussten, sobald man sie über bevorstehende Razzien und Wohnungsdurchsuchungen informiert hatte.

Im Sommer 1943 hatte Theo Haubach, ein erbitterter Gegner des Nazi-Regimes mit Kontakten zum Kreisauer Kreis, eine Zeit lang bei Jannie und Frederik gewohnt. Nach dem misslungenen Attentat auf Hitler war er am 23. Januar 1945 gemeinsam mit Graf von Moltke in Plötzensee erhängt worden. Als die Lebensmittel ab Winter 1942 rationiert wurden, habe ihr ein Freund, der im Untergrund arbeitete, einen Personalausweis ohne das „J" organisiert, sodass sie mithelfen konnte, gefälschte Gutscheine und Personalausweise an Untergetauchte zu verteilen. Sie habe großes Glück gehabt, dass sie nie in eine Kontrolle geraten sei. Der letzte Kriegswinter sei dann auch für sie furchtbar gewesen: Hunger, Kälte, Bombennächte, aber sie hätten überlebt.

Jannie schreibt, gleich zu Anfang in Amerika habe sie die Erfahrung gemacht, dass Gespräche über die Kriegsjahre problematisch waren und sie oftmals auf Unverständnis gestoßen sei. Zu unterschiedlich seien die Erlebnisse und Perspektiven gewesen. Was sie nicht gewusst und sich auch nicht hatte vorstellen können, waren Julianas bittere Erfahrungen in ihrer amerikanischen Schule.

Nini erzählte Jannie, dass Juliana nach dem Kriegseintritt der USA eines Tages mit Blutergüssen und Verletzungen von der Schule nach Hause gekommen sei. Auf ihr Drängen habe sie schließlich gesagt, was sie bis dahin verschwiegen hatte: Von Anfang an war sie von ihren Mitschülerinnen wegen ihres schlechten Englisch und deutschen Akzents gehänselt worden. Ihre Mitschülerinnen riefen ihr „Jewliana" und „enemy alien" hinterher. Da Juliana nichts von ihrer jüdischen Herkunft wusste, verstand sie

Juliana Huldschinsky, o. J.

das alles nicht. An jenem Tag hatten einige Mädchen in der Schulpause angefangen, mit Steinen nach ihr zu werfen. Die dort unterrichtenden Ordensschwestern waren nicht eingeschritten, sondern hatten weggesehen. Paul und Nini ließen Juliana eine Zeit lang zu Hause unterrichten, bis sie auf eine andere Schule gehen konnte. Juliana strengte sich seitdem sehr an, wollte um keinen Preis auffallen, hörte täglich mehrere Stunden Radio, um ihr Amerikanisch zu verbessern, und natürlich wollte sie unbedingt aussehen wie die anderen Mädchen, wie ein amerikanischer Teenager.

Jannies Aufzeichnungen zu ihrem mehrwöchigen Aufenthalt in Amerika enden damit: „Mein Vater brachte mich zum Flughafen in Los Angeles, und als ich auf das Flugzeug zulief und ihn winken sah, wusste ich, dass es das letzte Mal gewesen sein würde. Der Schmerz war schneidend scharf. Drei Monate später starb er."

Paul Huldschinsky starb in den frühen Morgenstunden des 1. Februar 1947 im Alter von 57 Jahren in der Mesa Road.

„Nachricht vom Hinscheiden Huldschinski's (sic) / nachts 3 Uhr. Die gewohnte Erschütterung durch das Mysterium." – lautete Thomas Manns Tagebucheintrag am 1. Februar. Zwei Tage später, am 3. Februar, schrieb er einen berührenden Kondolenzbrief an Nini [irrtümlich mit Januar datiert], in dem er Paul Huldschinsky als einen „lieben guten Freund" bezeichnet und als „einen der feinsten, liebenswürdigsten, nobelsten Menschen, die ich gekannt habe, bewundernswert gelassen im Leiden, tapfer in Zeiten der Dürftigkeit, die doch krass genug mit seiner glänzenden Jugend kontrastierten, denen er aber immer duldsam und heiter das Gute

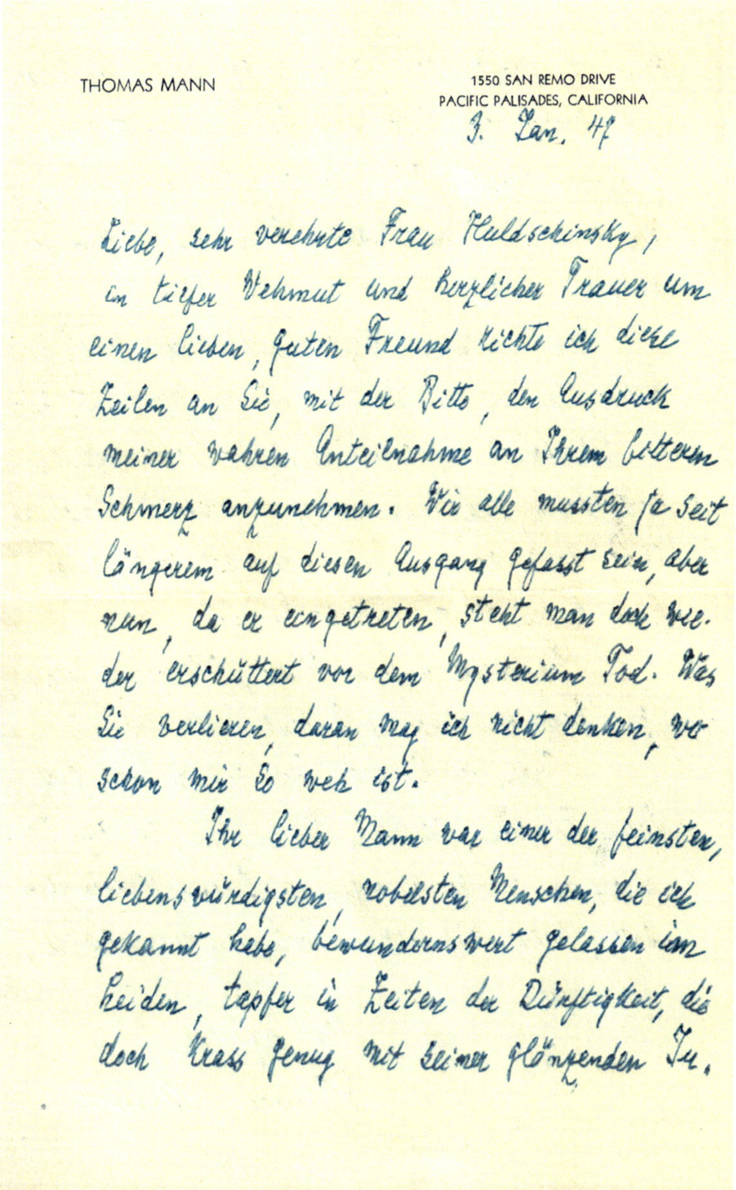

THOMAS MANN

1550 SAN REMO DRIVE
PACIFIC PALISADES, CALIFORNIA

3. Jan. 47

Liebe, sehr verehrte Frau Huldschinsky,

in tiefer Wehmut und herzlicher Trauer um einen lieben, guten Freund richte ich diese Zeilen an Sie, mit der Bitte, den Ausdruck meiner wahren Anteilnahme an Ihrem bitteren Schmerz anzunehmen. Wir alle mussten ja seit längerem auf diesen Ausgang gefasst sein, aber nun, da er eingetreten, steht man doch wieder erschüttert vor dem Mysterium Tod. Was Sie verlieren, daran mag ich nicht denken, wo schon mir es weh ist.

Ihr lieber Mann war einer der feinsten, liebenswürdigsten, nobelsten Menschen, die ich gekannt habe, bewundernswert gelassen im Leiden, tapfer in Zeiten der Dürftigkeit, die doch krass genug mit seiner glänzenden Ju-

S. 1: Kondolenzbrief von Thomas Mann an Nini Huldschinsky, 1947

gend kontrastierten, denen er aber immer duldsam und heiter das Gute und Geniessenswerte abzugewinnen wusste. Nie habe ich jemanden gesehen, der anders, als mit warmer Sympathie von ihm gesprochen hätte.

Den Krankenbesuch, den ich ihm noch machen wollte, habe ich zu meiner Beschämung versäumt. Eigene Schwierigkeiten, eigene Labilität liessen mich ihn verschieben, und dann war es unerwartet schnell zu spät dafür geworden. Er war nachsichtig, und wird es mir nicht verübelt haben.

Ich werde unserem Hulle, solange ich lebe, ein herzlich ehrendes Andenken bewahren.

Indem ich Sie bitte, liebe gnädige Frau, auch Ihren Kindern, besonders Ihrem Sohn, der dem Verblichenen ein so aufopfernder Pfleger gewesen sein soll, meine aufrichtige Teilnahme auszurichten, bleibe ich

Ihr ergebener
Thomas Mann.

S. 2: Kondolenzbrief von Thomas Mann an Nini Huldschinsky, 1947

und Geniessenswerte abzugewinnen wusste. Nie habe ich jemanden gesehen, der anders, als mit warmer Sympathie von ihm gesprochen hätte. [...] Ich werde unserem Hulle, solange ich lebe, ein herzlich ehrendes Andenken bewahren."

Am 4. Februar wurde Paul Huldschinsky auf dem „Holy Cross Cemetery" in Culver City beigesetzt. Dazu Thomas Manns lakonischer Eintrag im Tagebuch: „K. morgens zu Huldschinskys Begräbnis. Endlose katholische Messe. Absurd." – In seinem Brief vom 1. August 1946 an Annemie hatte Paul Huldschinsky ihr mitgeteilt: „Vor Jahren wurde ich auch katholisch und fühle mich geborgen."

Ein Nachruf zum Tod von Paul Huldschinsky erschien am 3. Februar 1947 in der *New York Times*, in dem auch die Hinterbliebenen genannt wurden, und eine kurze Nachricht im deutsch-jüdischen Monatsmagazin *Aufbau* vom 14. Februar 1947, S. 19.

PAUL O. HULDSCHINSKY

Designer of Motion-Picture Sets Won 'Oscar' for Specialty

Special to THE NEW YORK TIMES.

HOLLYWOOD, Calif., Feb. 2—Paul Oscar Huldschinsky, designer of motion-picture sets, who won the first "Oscar" ever presented for supremacy in that phase of the film industry, died yesterday at his home in Santa Monica. He was 57 years old.

Mr. Huldschinsky, who won the "Oscar" for the sets in "Gaslight," came here from Berlin eight years ago, fleeing the Nazis. He was a member of the Riviera Country Club and the Uplifters Club.

He leaves a widow, Mrs. Marie Ann Huldschinsky; four daughters, Miss Julian Huldschinsky of Santa Monica, Mrs. F. Clark of Carmel, Calif.; Mrs. Frederick Strengholt of Holland and Mrs. Sixtus Fuehr of Berlin; also three step-sons, Ernest J. Wiedmann of Santa Monica and Peter J. and Andre J. Wiedmann of Berlin.

Nachruf zum Tod von Paul Huldschinsky in der *New York Times*, 3. Februar 1947

⁂

Im August 1949, zwei Jahre nach Paul Huldschinskys Tod, war Helen Hessel bei Nini in der Mesa Road zu Besuch. Ihr Sohn Stéphane, der seit 1946 als französischer Diplomat bei der UNO in New York tätig war, lebte mit seiner Frau Vitia und der einjährigen Tochter Anne in einer Wohnung am Central Park und hatte Helen nach einem Suizidversuch im Sommer 1947 in die USA geholt. Voll freudiger Erwartung, in Amerika ein neues Leben beginnen zu können, war die 61-jährige Helen Hessel angereist. 1942 hatte sie Paul Huldschinsky gebeten gehabt, ihr nochmals Geld für die Ausreise zu überweisen, wie aus einem Schreiben von Varian Frey, dem legendären Fluchthelfer von unzähligen NS-Verfolgten in Marseille, hervorgeht. Doch damals waren weder Paul Huldschinsky noch Helens Freunde Wilhelm Speyer und Alfred Polgar – letztere hatten gerade ihre Jobs verloren – in der Lage gewesen, ihr finanziell zu helfen. Zu Helens Enttäuschung hatte sich ihr Zusammenleben mit Schwiegertochter und Sohn auf Dauer als schwierig erwiesen. Helen hatte unter der finanziellen Abhängigkeit von ihrem Sohn gelitten, sich als „eine erbärmliche Bettlerin" empfunden, wie sie ihrem Sohn Ulrich schrieb. Ihre Hoffnung, in New York als Journalistin arbeiten zu können, hatte sich nicht erfüllt. Im April 1948 machte sie sich auf nach Kalifornien, wo sie über mehrere Monate eine Reihe von Jobs als Gesellschaftsdame, Haushaltshilfe und Putzfrau annahm und sich schließlich bei Nini Huldschinsky in Erinnerung brachte. Doch auch in der Mesa Road hielt sie es nicht lange aus, schreibt sie am 7. August 1949 an Ulrich, in dem Haus, „das so voll von gelebtem Tod und Leben ist, daß ich es kaum ertragen kann. 100.000 Bücher und Bilder an allen Wänden. Dem Hessel wäre hier paradiesisch wohl, aber ich kann es kaum ertragen. Es ist voll von Gespenstern, als wandelten sie alle in diesen Zimmern, wo der Hulle seinen langsamen Tod starb; es riecht nach Moder, nach Staub, der hinter diesen Büchern lagert und die Schönheit der antiken Möbel, die fast alle etwas wacklig oder brüchig sind, macht mir Atemnot."

Hochzeit von Juliana Huldschinsky und Ralph Rea Strange, 1956

*

Zehn Jahre nach dem Tod von Paul Huldschinsky hat Juliana zum ersten Mal von ihrer Mutter gehört, dass ihr Vater Jude gewesen war. Da war Juliana bereits mit Ralph Rea Strange verheiratet. Noch viel später habe sie von ihrem Halbbruder Andrej erfahren, dass auch ihre Mutter Jüdin gewesen ist.

Juliana hatte ihrer Kinderfrau Storsi einige Male geschrieben, aber nie eine Antwort bekommen. Sie vermutet, dass ihre Briefe nie abgeschickt wurden. Irgendwann habe Nini ihr gesagt, dass Storsi während des Krieges gestorben sei. Bis zum heutigen Tag bewahrt Juliana ein handgeschriebenes Kärtchen ihrer geliebten Storsi in ihrer Geldbörse auf.

Karte von Storsi für Juliana

Literatur

Archivmaterial und Briefe

Buri, Jannie: Lebenserinnerungen (Typoskript); Privatbesitz.

Friedheim, Heinrich: Lebenserinnerungen (Typoskript); Privatbesitz.

Fuehr, Sixtus: Lebenserinnerungen (Typoskript); Privatbesitz.

Gästebuch Haus Hulle München; Privatbesitz.

Gästebuch Haus Wiedmann Egern; Privatbesitz.

Huldschinsky, Ida: Briefe an Wilhelm von Bode o. D.; Nachlass Wilhelm von Bode; Zentralarchiv Staatliche Museen zu Berlin.

Huldschinsky, Marianne: Briefe 1938, 1939 an Rolf von Hoerschelmann; Rolf von Hoerschelmann-Archiv, Feldafing.

Huldschinsky, Oscar: Briefe 1892–1920 an Wilhelm von Bode; Nachlass Wilhelm von Bode; Zentralarchiv Staatliche Museen zu Berlin.

Huldschinsky, Paul: Briefe 1925–1939 an Rolf von Hoerschelmann; Rolf von Hoerschelmann-Archiv, Feldafing.

Huldschinsky, Paul: Briefe 1941, 1942, 1946 an Marianne Huldschinsky; Privatbesitz.

Klemperer, Friedrich Oskar von: Charlotte von Klemperer (nee Engelmann); (Typoskript); Privatbesitz.

Klemperer, Friedrich Oskar von: Ralph and Lili (Typoskript); Privatbesitz.

Mann, Thomas: Kondolenzbrief an Marianne Huldschinsky; Thomas-Mann-Archiv, Zürich.

Nothmann, Berthold: Meine Lebenserinnerungen (Typoskript); Wannsee 1936.

Rickham, Peter Paul: Lebenserinnerungen (Typoskript); Privatbesitz.

Literatur

Anders, Günther: Der Emigrant, München 2021.

Andert, Karin: Monika Mann. Eine Biografie, Hamburg 2010.

Backhaus, Fritz; Gross, Raphael; Weissberg, Liliane (Hg.): Juden. Geld. Eine Vorstellung, Frankfurt 2013.

Bahr, Erhard: „Nach Westwood zum Haarschneiden“: Zur externen und internen Topographie des kalifornischen Exils von Thomas Mann. S. 12–24, in: Klostermann, Vittorio GmbH (Hg.): Thomas Mann Jahrbuch. Bd. 22, Frankfurt am Main 2009.

Bauhaus-Archiv Berlin (Hg.): Berliner Lebenswelten der zwanziger Jahre. Bilder einer untergegangenen Kultur von Marta Huth, Frankfurt am Main 1996.

Baum, Vicki: Es war alles ganz anders. Erinnerungen, Köln 2019.

Benz, Wolfgang: Gewalt im November 1938. Die „Reichskristallnacht" – Initial zum Holocaust, Berlin 2018.

Bischoff, Stephan C. (Hg.): Ich gab dir die Fackel im Sprunge. W. F. Ein Erinnerungsbericht von Friedrich W. Buri, Berlin-Brandenburg 2009.

Blubacher, Thomas: Oscar Huldschinsky (1846–1931) und Ann Sommer (*1910), Berlin, in: Melissa Müller; Monika Tatzkow (Hg): Verlorene Bilder, Verlorene Leben. Jüdische Sammler und was aus ihren Kunstwerken wurde, München 2009, S. 142–153.

Blubacher, Thomas: Paradies in schwerer Zeit. Künstler und Denker im Exil in Pacific Palisades und Umgebung, München 2011.

Blubacher, Thomas: Gibt es etwas Schöneres als Sehnsucht? Die Geschwister Eleonora und Francesco von Mendelssohn, Berlin 2012.

Blubacher, Thomas: Die vielen Leben der Ruth Landshoff-Yorck, Berlin 2015.

Bode, Wilhelm von: Die Sammlung Oscar Huldschinsky, Frankfurt 1909.

Bode, Wilhelm von: Die älteren Privatsammlungen in Berlin und die Bildung neuer Sammlungen nach dem Kriege 1870, in: Der Kunstwanderer, 4 (1922), 1. Septemberheft, S. 7–8.

Cassirer, Paul; Helbing, Hugo (Hg.): Die Sammlung Oscar Huldschinsky, Berlin 1928 (gebundene Prachtausgabe).

Cassirer, Paul; Helbing, Hugo (Hg.): Die Sammlung Oscar Huldschinsky, Berlin 1928 (Handkatalog).

Claus, Horst: Filmen für Hitler. Die Karriere des NS-Starregisseurs Hans Steinhoff, Wien 2013.

Dascher, Ottfried: „Es ist was Wahnsinniges mit der Kunst". Alfred Flechtheim. Sammler, Kunsthändler, Verleger, Wädenswil am Zürichsee 2013.

Dimanche, André (Hg.): Helen Hessel. Journal d'Helen. Lettres à Henri-Pierre Roché 1920–1921, Marseille 1991.

Edition DAH (Hg.): Pacific Palisades. Wege deutschsprachiger Schriftsteller ins kalifornische Exil 1932–1941, Bremerhaven 2006.

Edition Hentrich (Hg.): Villenkolonie in Wannsee 1870–1945. Großbürgerliche Lebenswelt und Ort der Wannsee-Konferenz, Berlin 2000.

Enderlein, Angelika: Der Berliner Kunsthandel in der Weimarer Republik und im NS-Staat, Berlin 2006.

Fähnders, Walter; Karrenbrock, Helga (Hg.): Charlott etwas verrückt. Ein Roman von Wilhelm Speyer, Bielefeld 2008.

Feilchenfeldt Breslauer, Marianne: Bilder meines Lebens. Erinnerungen, Wädenswill 2010.

Fischer-Defoy, Christine; Nürnberg Kaspar: Gute Geschäfte. Kunsthandel in Berlin 1933–1945, Berlin 2011.

Fischer-Defoy, Christine (Hg.): Schwanenwerder im Nationalsozialismus. Ein Inselrundgang, in: Mitgliederrundbrief 62, 2010, Aktives Museum. Faschismus und Widerstand in Berlin e. V.

Fischer, Erica; Ladwig-Winters Simone: Die Wertheims. Geschichte einer Familie, Hamburg 2007.

Flügge, Manfred: Der Engel bin ich. Begegnungen in Los Angeles, Berlin 1999.

Flügge, Manfred: Gesprungene Liebe. Die wahre Geschichte zu „Jules und Jim", Berlin 1993.

Friedrich Ernst Hübsch Verlag (Hg.): Paul Huldschinsky. Mit einer Einleitung von Stefan Grossmann, Berlin 1930.

Fürstenberg, Carl: Die Lebensgeschichte eines deutschen Bankiers, Wiesbaden 1961.

Fürstenberg, Hans: Erinnerungen. Mein Weg als Bankier und Carl Fürstenbergs Altersjahre, Wiesbaden 1965.

Gaugusch, Georg: Was einmal war. Das jüdische Großbürgertum Wiens 1800–1938. Bd. A–K, Berlin 2005.

Gerhardt, Uta; Karlauf, Thomas: Nie mehr zurück in dieses Land. Augenzeugen berichten über die Novemberpogrome 1938, Berlin 2011.

Grimme, Karin H. (Hg.): Aus Widersprüchen zusammengesetzt. Das Tagebuch der Gertrud Bleichröder aus dem Jahre 1888, Leipzig 2002.

Gumprecht, Holger: „New Weimar" unter Palmen. Deutsche Schriftsteller im Exil in Los Angeles, Berlin 1998.

Habel, Frank-Burkhard: Curt Bois. Schauspieler in zehn Jahrzehnten, Berlin/Leipzig 2023.

Hanenberg, Norbert: John Archibald Campbell und Thomas Mann – Berührungspunkte. Das Englische in Deutschland, in: Zeitschrift für Architekturgeschichte, Sonderdruck, 13. Jahrgang 2021, Heft 2.

Hanisch, Michael: Ernst Lubisch. Von der Berliner Schönhauser Allee nach Hollywood, Berlin 2003.

Hanisch, Michael: Billy Wilder (1906–2002). Von Galizien nach Beverly Hills, Berlin 2004.

Haupt, Michael (Hg.): Villencolonie Alsen am Großen Wannsee, Berlin 2012.

Heiden, Konrad: Eine Nacht im November 1938. Ein zeitgenössischer Bericht, Göttingen 2013.

Herbertz, Eva-Maria: „Der heimliche König von Schwabylon". Der Graphiker und Sammler Rolf von Hoerschelmann in Selbstzeugnissen und Bilddokumenten, München 2005.

Herbertz, Eva-Maria: Leben in seinem Schatten. Frauen berühmter Künstler, München 2009.

Herbst, Cristina (Hg.): Hedwig Pringsheim. Tagebücher Bd. 5, 1911–1916, Göttingen 2016.

Herbst, Cristina (Hg.): Hedwig Pringsheim. Tagebücher Bd. 6, 1917–1922, Göttingen 2017.

Hessel, Stéphane: Tanz mit dem Jahrhundert. Erinnerungen, Zürich/Hamburg 1998.

Hübsch, Friedrich Ernst (Hg.): Paul Huldschinsky. Mit einer Einleitung von Stefan Grossmann, Berlin/Leipzig/Wien 1930.

Jens, Inge (Hg.): Thomas Mann. Tagebücher 1944 – 1.4.1946, Frankfurt am Main 1986.

Jens, Inge (Hg.): Thomas Mann. Tagebücher 28.5.1946 – 31.12.1948, Frankfurt am Main 1989.

Jens, Inge und Walter: Frau Thomas Mann. Das Leben der Katharina Pringsheim, Hamburg 2003.

Jüngling, Kirsten; Roßbeck Brigitte: Katia Mann. Die Frau des Zauberers, München 2003.

Kaplan, Marion A.: Jüdisches Bürgertum. Frau, Familie und Identität im Kaiserreich, Hamburg 1997.

Kaufhold, Enno: Berliner Interieurs 1910–1939, Berlin 2013.

Kayser & von Grossheim (Hg.): Aussen- und Innenarchitektur des O. Huldschinsky'schen Hauses Berlin W. Matthäikirchstr. 3a, Berlin 1899.

Kaznelson, Siegmund (Hg.): Juden im Deutschen Kulturbetrieb, Berlin 2006.

Kessemeier, Gesa: Matthäikirchstraße 4 – Wiederentdeckung einer besonderen Nachbarschaft, in: SPK Magazin, 23.8.2023, Berlin.

Kessler, Harry Graf: Tagebücher 1918–1937, Frankfurt am Main 1996.

Kiaulehn, Walther: Berlin. Schicksal einer Weltstadt, München 1997.

Koch, Alexander Hofrat (Hg.): Zum Haus Hulle – München, in: Innendekoration, Darmstadt 1915.
Koch, Alexander Hofrat (Hg.): Ein Landhaus in Oberbayern, in: Innendekoration, Darmstadt 1920.
Kotowski, Elke-Vera: „Diese kleine Fessel zum Wahrzeichen deiner Freiheit". Franz und Helen Hessel, S. 171–190, in: Kotowski, Elke-Vera; Ludewig, Anna-Dorothea; Lund, Hannah Lotte (Hg.): Zweisamkeiten. 12 außergewöhnliche Paare in Berlin 2016.
Kotowski, Elke-Vera (Hg.): Juden in Berlin, Berlin 1962.
Kuhrau, Sven: Der Kunstsammler im Kaiserreich. Kunst und Repräsentation in der Berliner Privatsammlerkultur, Kiel 2005.
Kuntz, Benjamin: Kurt Huldschinsky. „Licht statt Lebertran". Mit Höhensonne gegen Rachitis, Berlin/Leipzig 2021.
Lahme, Tilmann: Die Manns. Geschichte einer Familie, Frankfurt am Main 2015.
Landshoff-Yorck, Ruth: Klatsch, Ruhm und kleine Feuer, Köln 1963.

Lang, Ulrike (Hg.): Grete Gulbransson. Meine fremde Welt. Tagebücher Bd. 2, 1913–1918, Frankfurt/Basel 2001.
Long, Robert Emmet (Hg.): George Cukor Interviews, University Press of Mississippi 2001.
Ludewig, Anna-Dorothea; Schoeps, Julius H.; Sonder, Ines (Hg.): Aufbruch in die Moderne. Sammler, Mäzene und Kunsthändler in Berlin 1880–1933, Köln 2012.
Mann, Erika und Klaus: Escape to Life. Deutsche Kultur im Exil, München 1991.
Mann, Monika: Vergangenes und Gegenwärtiges. Erinnerungen, Hamburg 2001.
Matthes, Olaf (Hg.): Dandy, Komparse, Koch. Die Lebenserinnerungen von Theodor Simon (1897–1965), Berlin 2017.
Mendelssohn, Peter de (Hg.): Thomas Mann. Tagebücher 1918–1921, Frankfurt am Main 1979.
Mendelssohn, Peter de (Hg.): Thomas Mann. Tagebücher 1940–1943, Frankfurt am Main 1982.
Mittenzwey, Kuno: Zum Haus Hulle – München von den Architekten Paul Huldschinsky und Karl Joh. Mossner. In: Innendekoration, XXVI. Jahrgang, Darmstadt 1915.
Möhrmann, Renate: Tilla Durieux und Paul Cassirer, Berlin 1997.
Morsch, Günter; Ley, Astrid (Hg.): Das Konzentrationslager Sachsenhausen 1936–1945. Ereignisse und Entwicklungen, Berlin 2011.

Nadolny, Susanne: Helen Hessel (1886–1982). Unabhängig und nur sich selbst verantwortlich, S. 57–75, in: Gelebte Sehnsucht. Grenzgängerinnen der Moderne, Berlin 2005.

Nenik, Francis: Aushäusige der Erinnerung. Exil und Exilanten im Thomas-Mann-Haus in Pacific Palisades, S. 5–23, in: Koch, Edita (Hg.): Exil. Forschung. Erkenntnisse. Ergebnisse, Frankfurt am Main 2017.

Nenik, Francis: Seven Palms. Das Thomas-Mann-Haus in Pacific Palisades, Los Angeles, Leipzig 2018.

Nietsche, Benno: Geschichte der Stadt Gleiwitz. British Library, 1886.

Peteuil, Marie-Françoise: Helen Hessel. Die Frau, die Jules und Jim liebte, Frankfurt am Main 2013.

Pfeiffer-Belli, Wolfgang (Hg.): Harry Graf Kessler. Tagebücher 1918–1937, Frankfurt am Main 1961.

Pierer, Christian: Die Bayerischen Motoren Werke bis 1933. Eine Unternehmensgeschichte in Krieg, Inflation und Weltwirtschaftskrise, München 2011.

Plessen, Elisabeth; Mann, Michael (Hg.): Katia Mann. Meine ungeschriebenen Memoiren, Tübingen 1974.

Raebel-Werke Berlin (Hg.): Die Tiergartenstraße – ein Stück Berliner Geschichte, Berlin 1975.

Reif, Heinz (Hg.): Berliner Villenleben. Die Inszenierung bürgerlicher Wohnwelten am grünen Rand der Stadt um 1900, Berlin 2008.

Reif, Janin; Schumacher, Horst; Uebel, Lothar: Schwanenwerder. Ein Inselparadies in Berlin, Berlin 2000.

Rieß, Rolf (Hg.): Briefwechsel zwischen dem Zeichner Rolf von Hoerschelmann und dem Schriftsteller Siegfried von Vegesack 1915–1946, Grafenau 2016.

Scheub, Ute: Verrückt nach Leben. Berliner Szenen in den zwanziger Jahren, Hamburg 2002.

Schumacher (o. V.): Ein Landhaus in Oberbayern mit Einrichtung von Paul Huldschinsky, in: Innendekoration. XXXI. Jahrgang, Darmstadt 1920.

Soden, Kristine von: „Und draußen weht ein fremder Wind..." Über die Meere ins Exil, Berlin 2016.

Solmssen, Arthur R. G.: Berliner Reigen, Frankfurt am Main 1986.

Stiftung St. Matthäus (Hg.): Die verschwundene Stadt. Rekonstruktion des alten Tiergartenviertels 1846–1950, Berlin 2019.

Szalet, Leon: Baracke 38. 237 Tage in den „Judenblocks" des KZ Sachsenhausen, Berlin 2006.

Taylor, John Russell: Fremde im Paradies. Emigranten in Hollywood 1933–1950, Berlin 1994.

Thimig-Reinhardt, Helene: Wie Max Reinhardt lebte, Frankfurt am Main 1975.

Tillian, Lisa-Maria: „Tausend Dank für dein Briefl." Eine Untersuchung weiblicher Lebenswelten im jüdischen Großbürgertum in Wien zwischen 1872 und 1937 anhand der Briefe von Mathilde Lieben an Marie de Rothschild, Wien 2013.

Tunnat, Frederik D.: Karl Vollmoeller. Dichter und Kulturmanager. Eine Biographie, Hamburg 2012.

Vaget, Hans Rudolf: Thomas Mann, der Amerikaner: Leben und Werk im amerikanischen Exil, 1938–1952, Frankfurt am Main 2011.

Valentin, Curt (Hg.): Der Querschnitt durch Alfred Flechtheim am 1. April 1928, Privatdruck.

Viertel, Salka: Das unbelehrbare Herz. Ein Leben in der Welt des Theaters, der Literatur und des Films, Hamburg 1970.

Voswinckel, Ulrike; Berninger, Frank (Hg.): Exil am Mittelmeer. Deutsche Schriftsteller in Südfrankreich 1933–1941, München 2005.

Wefing, Heinrich: Das Haus des Zauberers: Julius R. Davidson, Paul Huldschinsky und Thomas Manns Villa in Pacific Palisades, in: Building Paradise: Exile Architecture in California, Villa Aurora Architecture Symposium 2003, Leipzig 2004, S. 48–101.

Wehry, Katrin: Quer durchs Tiergartenviertel. Das historische Quartier und seine Bewohner, Berlin 2015.

Wiesner, Herbert (Hg.): Franz Hessel. Nur was uns anschaut, sehen wir, Berlin 1998.

Wolff, Max L.: Club von Berlin 1864–1924, Berlin 1926.